ULRIKE SCHWARTZKOPFF
Neptun trifft Pluto

Standardwerke der Astrologie

Ulrike Schwartzkopff

Neptun trifft Pluto

Generationsplaneten in der Evolutionären Astrologie

CHIRON VERLAG

ISBN 978-3-89997-261-0

Umschlag: Judith Hamann, Tübingen
Bild: Ulrike Schwartkopff
Druck: SDL, Berlin

Zu beziehen über:
Chiron Verlag, Postfach 1250, D-72002 Tübingen
www.chironverlag.com

Inhalt

Vorwort

Im Lauf meiner astrologischen Tätigkeit ist mir in der Begleitung von Gleichaltrigen immer wieder aufgefallen, wie sehr unsere Generation darum ringt, sich ausleben zu können. Als Zugehörige der Generation der 1960er-Jahre berührten mich die Themenstellungen meiner Klienten aus diesen Jahrgängen sehr. Es häuften sich die Fallgeschichten, in denen Schuldgefühle und ein inneres Mangelgefühl zu Lebenskrisen und zur Vermeidung dessen führten, was eigentlich möglich wäre. Mir fiel auf, dass wir im Grunde genommen »alle« zumindest in einem wichtigen Lebensbereich nicht wirklich in unsere Kraft und die Auslebung unsere Potenziale gelangten.

Angeregt durch die Ausführungen von Sabine Bode über *Die vergessene Generation: Kriegskinder* wurde mir schlagartig bewusst, dass meine Generation mit Eltern aufwuchs, die als Kinder den Krieg erlebt hatten. Das lange Schweigen der Elterngeneration darüber hatte mir weiträumig den Blick für die Dimension dieser außergewöhnlichen Zusammenkunft zwischen unsere Kriegskindereltern und uns versperrt. Sensibilisiert für diesen Zusammenhang entschied ich mich für eine astrologische Analyse in Bezug auf die prägenden Faktoren der Generation der Kriegskinder und ihrer Kinder. Plötzlich schlossen sich für mich die Kreise und ich erkenne für unsere Generation heute die große Möglichkeit, in die Fülle und in den Fluss des Lebens zu finden, denn es gibt gewichtige planetarische Ereignisse, die dafürsprechen. Für unsere Generation ist die Zeit jetzt reif, sich aus dem Würgegriff der Vergangenheit zu befreien und all das mit Perfektionismus Erlernte und Angeeignete in voller Pracht zur Blüte zu bringen. Hierbei wird uns der Planet Neptun begleiten und führen.

Ulrike Schwartzkopff im Januar 2019

Die Generationsplaneten

Die drei Parameter Uranus, Neptun und Pluto

In diesem Buch geht es um die Aufdeckung der tieferen Zusammenhänge, warum und wie unterschiedliche Generationen miteinander verbunden sind. Für den Vergleich der Generationen ist die Disposition von Neptun, Uranus und Pluto am aussagekräftigsten, weil diese Planeten sehr lange Umlaufzeiten haben und sich somit über Jahre in einem Tierkreiszeichen aufhalten. So sind ganze Jahrgänge von ein und derselben Grundkonstellation betroffen, was aus astrologischer Sicht einer kollektiven Prägung entspricht.

Pluto verkörpert in diesem Zusammenhang die Absicht, die Motivation. Er steht für den Bewegungsimpuls, der jeder Entwicklung vorausgeht. Pluto repräsentiert den Boden, das Thema, den letztendlichen Grund, worauf sich alles weitere planetarische Geschehen bezieht.

Neptun kommt eine Sonderrolle zu, weil er die Schöpfung, die schöpferische Kraft, das kreativ schöpferische Dasein schlechthin repräsentiert. Er ist die Quelle, aus der alles Leben entsteht. So gibt Neptun selbst Pluto den umfassenden Rahmen für sein Wirken. Der Neptun steht für den Entwicklungsimpuls, den die Sehnsucht nach Heilung und Ganzwerdung hervorruft.

Uranus repräsentiert auf dieser grundsätzlichen Ebene der Betrachtung das Universum, die Galaxien, die Atmosphäre. Er steht für die Dimension des Weltalls, in dem die Erde Teil unseres Sonnensystems ist. In der Beziehung zu Pluto steht Uranus für die Beschleunigung der Entwicklung, weil er uns aufgrund seines Bezugsrahmens den Zugang zur höheren Intelligenz ermöglicht. Das Titelbild dieses Buches ist eine künstlerische Interpretation der Autorin des Berliner Tacheles (erbaut von 1905 bis 1907). Es scheint das Thema auf seine ganz eigene Weise zu reflektieren. Die Spuren vergangener Zeiten von Glanz und Zerstörung sind bis heute sichtbar. Es entstand aus einer vormals modernen (Uranus) Vision (Neptun), denn es wurde als Kaufhaus geplant. Rein bildnerisch betrachtet, könnte das Fundament für unsere Ahnen stehen, auf denen sich die Stockwerke wie Generationen (Pluto) von Eltern und Kindern aufeinander aufbauen.

Die Generationen

Ausgehend von der Kernthese der Evolutionären Astrologie, dass der letztendliche Grund unseres Daseins der Entwicklung unseres seelisch-emotionalen Bewusstseins dient, treffen die Generationen von Eltern und Kindern nicht zufällig aufeinander. Anhand des Tierkreises ist zu erkennen, dass die Zusammenkunft der einzelnen Generationen einer mehrdimensionalen Ordnung untersteht. Eltern und Kinder mit ihren jeweiligen Seelenthemen haben demnach die Aufgabe, sich gegenseitig auf ihrem Weg zu unterstützen. In der Disposition der Eltern und der ihrer Kinder liegt für beide Seiten ein enormes Entwicklungspotenzial.

Den Schwerpunkt in dieser Betrachtung bilden die 1930er-Jahrgänge und ihre in den 1960er-Jahren geborenen Kinder. An den Rändern dieser beiden Generationen gibt es planetarische Veränderungen, die differenziert werden müssen. Aus den folgenden Tabellen lässt sich die persönliche Zugehörigkeit klar erkennen. Es ist empfehlenswert, die eigene Disposition zu ermitteln, da es sonst bei der Lektüre zu Missverständnissen kommen kann. Siehe hierzu die Tabellen auf Seite 12 bis 15.

Pluto

Aus Sicht der Evolutionären Astrologie gelangen wir mit dem ersten Atemzug in eine Umgebung, die unserem Seelenthema entspricht. Subjektiv betrachtet, wird diese in aller Regel nicht angenehm sein,

PLUTO IN DEN ZEICHEN

KREBS	LÖWE	JUNGFRAU
10.09.1912 bis 19.10.1912	04.08.1938 bis 06.02.1939	21.10.1956 bis 14.01.1957
10.07.1913 bis 27.12.1913	14.06.1939 bis 20.10.1956	20.08.1957 bis 11.04.1958
27.05.1914 bis 03.08.1938	15.01.1957 bis 19.08.1957	11.06.1958 bis 05.10.1971
07.02.1939 bis 13.06.1939	12.04.1958 bis 10.06.1958	18.04.1972 bis 30.07.1972
WAAGE	**SKORPION**	**SCHÜTZE**
06.10.1971 bis 17.04.1972	06.11.1983 bis 18.05.1984	17.01.1995 bis 21.04.1995
31.07.1972 bis 05.11.1983	29.08.1984 bis 16.01.1995	11.11.1995 bis 26.01.2008
19.05.1984 bis 28.08.1984	22.04.1995 bis 10.11.1995	15.06.2008 bis 27.11.2008
STEINBOCK	**WASSERMANN**	**FISCHE**
27.01.2008 bis 14.06.2008	22.01.2024 bis 01.09.2024	10.03.2043 bis 01.09.2044
28.11.2008 bis 21.01.2024	20.11.2024 bis 09.03.2043	20.01.2044 bis 23.02.2068
02.09.2024 bis 19.11.2024	02.09.2043 bis 19.01.2044	

NEPTUN IN DEN ZEICHEN

JUNGFRAU	WAAGE	SKORPION
21.09.1928 bis 18.02.1929	04.10.1942 bis 16.04.1943	25.12.1955 bis 11.03.1956
24.07.1929 bis 03.10.1942	03.08.1943 bis 24.12.1955	20.10.1956 bis 15.06.1957
17.04.1943 bis 02.08.1943	12.03.1956 bis 19.10.1956	07.08.1957 bis 04.01.1970
16.06.1957 bis 06.08.1957	03.05.1970 bis 06.11.1970	
SCHÜTZE	**STEINBOCK**	**WASSERMANN**
05.01.1970 bis 02.05.1970	19.01.1984 bis 22.06.1984	29.01.1998 bis 23.08.1998
07.11.1970 bis 18.01.1984	22.11.1984 bis 28.01.1998	28.11.1998 bis 04.04.2011
23.06.1984 bis 21.11.1984	24.08.1998 bis 27.11.1998	06.08.2011 bis 03.02.2012
FISCHE		
05.04.2011 bis 05.08.2011		
04.02.2012 bis 30.03.2025		
23.10.2025 bis 27.01.2026		

URANUS IN DEN ZEICHEN

WIDDER	STIER	ZWILLINGE
01.04.1927 bis 04.11.1927	07.06.1934 bis 09.10.1934	08.08.1941 bis 04.10.1941
13.01.1928 bis 06.06.1934	28.03.1935 bis 07.08.1941	15.05.1942 bis 30.08.1948
10.10.1934 bis 27.03.1935	05.10.1941 bis 14.05.1942	12.11.1948 bis 09.06.1949
KREBS	**LÖWE**	**JUNGFRAU**
31.08.1948 bis 11.11.1948	25.08.1955 bis 27.01.1956	02.11.1961 bis 10.01.1962
10.06.1949 bis 24.08.1955	10.06.1956 bis 01.11.1961	10.08.1962 bis 28.09.1968
28.01.1956 bis 09.06.1956	11.01.1962 bis 09.08.1962	21.05.1969 bis 24.06.1969
WAAGE	**SKORPION**	**SCHÜTZE**
29.09.1968 bis 20.05.1969	22.11.1974 bis 01.05.1975	18.02.1981 bis 20.03.1981
25.06.1969 bis 21.11.1974	09.09.1975 bis 17. 02.1981	17.11.1981 bis 14.02.1988
02.05.1975 bis 08.09.1975	21.03.1981 bis 16.11.1981	27.05.1988 bis 02.12.1988

STEINBOCK	WASSERMANN	FISCHE
15.02.1988 bis 26.05.1988	02.04.1995 bis 08.06.1995	11.03.2003 bis 15.09.2003
03.12.1988 bis 01.04.1995	13.01.1996 bis 10.03.2003	31.12.2003 bis 28.05.2010
09.06.1995 bis 12.01.1996	16.09.2003 bis 30.12.2003	15.08.2010 bis 12.03.2011

Abbildung 1

weil das Leben uns von Anfang an auf unsere Lektion hinweist, die in dem liegt, was uns vorenthalten wird. So ist – evolutionär gesehen – gewährleistet, dass wir unser Entwicklungsziel nicht verfehlen können.

Plutos Wirkungsweise entsprechend wird eine Person, die beispielsweise Selbstliebe und Selbstbewusstsein für sich wiederentdecken möchte, in sehr vereinnahmende Verhältnisse hineingeboren. Diese prägende Grundlage vermittelt die Erfahrung von Ohnmacht. Sie erlebt, dass die Kräfte im Außen stärker sind als sie selbst. Das kann, bezogen auf die Eltern, sich sowohl in einer Overprotecting-Situation zeigen, als auch das Gegenteil davon sein. In den meisten Fällen ist es sogar die Kombination aus beidem.

Das Kind erlebt so eine Form der Ausweglosigkeit, es ist den äußeren Verhältnissen ausgeliefert. Ob dieser Zustand in einem Verloren-Sein besteht oder ob es von Vater, Mutter oder beiden so gebraucht wird, dass es sich von klein auf nicht um seine eigenen Belange kümmern kann, sei dahingestellt. Im Endeffekt wird dieser Mensch auf seine Lernaufgabe fokussiert: Es ist lebenswichtig, den eigenen Wert zu erkennen und sich das Recht auf ein selbstbestimmtes Leben zuzugestehen.

In einem anderen Fall kann die Aufgabe darin bestehen, Gleichberechtigung in zwischenmenschlichen Beziehungen zu lernen, indem die Person einen Weg anstrebt, auf andere Menschen einzugehen und Mitgefühl für ihre Umgebung zu entwickeln. Hier findet die Person in der Phase ihrer frühkindlichen Prägung eine Situation vor, die in ihr das Gefühl auslöst, für sich selbst kämpfen zu müssen. Die Eltern tendieren dazu, das Kind stark zu reglementieren und seinen Willen nicht hinreichend zu berücksichtigen. Oder sie respektieren den Willen des Kindes so übermäßig, dass es Phasen der Reglementierung verstärkt als Ablehnung empfindet. Diese Person wird sich daraufhin zyklisch sehr verlassen fühlen, was den Impuls intensiviert, für sich selbst kämpfen zu müssen, um nicht unterzugehen. Je mehr sie jedoch nur auf sich fixiert ist, desto weniger kann sie ein Zugehörigkeitsgefühl zu anderen Menschen entwickeln. Auf diese Weise wird sie sich ihrer Lernaufgabe bewusst, dass sie, indem sie sich anderen zuwendet, zu einem Teil der Gemeinschaft werden kann.

Die Bedeutung Plutos als Herzstück der Evolutionären Astrologie

Die Evolutionäre Astrologie definiert eine Generation anhand des Zeichenstandes von Pluto. Das Tierkreiszeichen, in dem Pluto sich zum Zeitpunkt der Geburt befindet, bestimmt die Seelenthematik. Bei einer Umlaufzeit von rund 250 Jahren hält sich Pluto im Mittel ungefähr 20 Jahre in jedem Tierkreiszeichen auf. Aufgrund seiner elliptischen Umlaufbahn variieren jedoch die Zeitspannen einer Generation.

Pluto steht individuell für unsere Seele und kollektiv betrachtet für das Seelenanliegen einer ganzen Generation. Auf diese Weise gibt es trotz der Einzigartigkeit unserer Seele einen gemeinsamen Nenner mit den Menschen unseres Alters. Eine Generation ließe sich, was das Seelenthema anbetrifft, als eine Gemeinschaft betrachten, was zu dem Schluss führt: Seelen inkarnieren in Gruppen vor dem Hintergrund, dass jeder Einzelne auf seine ganz eigene Art zum gemeinsamen Thema beiträgt.

Pluto steht in jedem Augenblick für die Essenz eines Umstandes, also für die Kräfte und Absichten, die zu dem geführt haben, was gerade sichtbar wird. Er ist der seelische Impuls, der rote Faden im Leben, die Basis, auf die sich alles, was geschieht, bezieht. Im Zeichen des Pluto sind wir mit unserem seelischen Impuls verbunden. Die Frage, ob wir uns im Einklang mit diesem Impuls befinden, stellt sich in individueller Regelmäßigkeit. Geschieht dies, stehen wir meistens an einem Scheideweg und müssen, um voranschreiten zu können, eine Entscheidung treffen. In manchen Fällen wird uns die Entscheidung leicht gemacht, da der Pluto-Prozess dazu führt, dass wir aus bestimmten Gründen die alten Pfade nicht mehr beschreiten können. In Hinblick auf die Entwicklung unseres seelischen Bewusstseins liegt hier eine große Chance, weiterzukommen und sich ins Neuland zu wagen.

Kennzeichnend für die Pluto-Entscheidungen ist das Entweder-oder-Prinzip, wobei wir nicht selten fühlen, dass beide Wege etwas Unfreies haben. In der Tat liegt in der Natur der Pluto-Wirkweise die Notwendigkeit, sich festzulegen und so die Energie auf etwas Bestimmtes zu fokussieren. Konsequenzen daraus sind Bindungen, die sich nicht einfach zu jedem Zeitpunkt lösen lassen.

Auch wenn das Zusammenspiel aller Planeten letztendlich nur als Ganzheit existiert, prägen die langsam laufenden Planeten durch ihren jahrelangen Aufenthalt in einem Tierkreiszeichen die Grundströmung einer Zeit. Auf den von Pluto bereiteten Boden bauen Neptun und Uranus auf. Sie sind somit die wichtigsten Parameter in Hinblick auf die Zeitqualität einer bestimmten Periode.

Neptun ergänzt den evolutionären Impuls Plutos mit den ihm innewohnenden schöpferischen Kräften. Er verkörpert die Sehnsüchte und Ideale einer Zeit und trägt so zu ihrem Wandel bei. Uranus steht in diesem Kontext für den Zugang zur höheren Intelligenz, dem großen Plan der Menschheitsentwicklung. Er befördert in Form von Geistesblitzen Bilder und Visionen, die zu neuen Ideen werden und sich im Fortschritt manifestieren. Diese Ideen beziehen sich auf den anstehenden Entwicklungsschritt (Pluto) und die Wünsche und Ideale (Neptun) einer Gruppe (Uranus) oder Gesellschaft zu einer bestimmten Zeit.

Der Ansatz der evolutionären Astrologie

Die Evolutionäre Astrologie unterscheidet sich wesentlich von anderen astrologischen Ansätzen. Sie bezieht sich bei der Betrachtung des Tierkreises auf die Archetypenlehre C. G. Jungs. Jedes der zwölf Tierkreiszeichen verkörpert einen Archetyp, ein allgemeingültiges Lebensgesetz. Die Gesamtheit des Tierkreises, seine zwölf Archetypen, definieren die Existenz in Raum und Zeit auf der Erde.

In jedem Archetyp liegt ein nahezu unendliches Spektrum, das eine Bandbreite von erlösten bis hin zu unerlösten Eigenschaften enthält. Das Beispiel der Fische macht es deutlich. Sie können im unerlösten Zusammenhang die größten Ängste in uns repräsentieren und andererseits stehen sie in erlöster Weise für das tiefste Vertrauen. In der Regel bewegen wir uns im Rahmen des Spektrums irgendwo in der Mitte und manchmal auch in Grauzonen.

Die Archetypen des Tierkreises

Jeder Archetyp der zwölf Tierkreiszeichen basiert auf einem Urprinzip und trägt eine allgemeingültige Gesetzmäßigkeit in sich, die wir in jedem Moment für das Leben brauchen. Ein Archetyp basiert auf einem tiefsten Punkt, einem Kernprinzip, aus dem sich alle weiteren Eigenschaften entwickeln.

Widder

Der tiefste Punkt des Widders ist die Geburt, der Neuanfang. Die Urkraft des Widders ist der Impuls des elementar Lebendigen. Der Widder entspricht dem kontinuierlichen Streben nach Selbstentdeckung und einem Zustand permanenten Werdens. Er braucht Freiheit und Unabhängigkeit, um sein Verlangen auszuagieren und die Erfahrungen zu machen, die er für nötig hält, um sein Schicksal zu verwirklichen.

In jedem Neubeginn steht das Verlangen zu leben – und die Notwendigkeit, etwas Altes zurückzulassen. Das instinktive Verlangen nach Leben, nach Lebendigkeit, trennt uns zugleich von unserer Herkunft und dem, was uns erschaffen hat. Im Zeichen Widder findet die Trennung von einem Zustand tiefster Verbundenheit statt. Durch die Geburt entzweit sich die bis dahin bestehende Einheit von Mutter und Kind. Eine solche Einheit wird es mit keinem anderen Menschen mehr geben.

Für einen Moment sind wir absolut im Alleinsein und alles, was von nun an kommt, ist nicht einschätzbar, jeden neuen Schritt müssen wir jetzt selbst tun. Diese archaische Trennungserfahrung am Beginn des Lebens hinterlässt eine sehr tiefe Wunde, die im Zeichen Widder das vollständige Zurückgeworfen-Sein auf sich selbst so unerträglich erscheinen lässt.

Die emotionale Unsicherheit, die das Neue, Unbekannte mit sich bringt, führt zu einem Sicherheitsstreben durch Kontrolle. Das eigene Tun, selbst bestimmen zu können, bietet größtmöglichen Schutz vor dem Ausgeliefertsein an eine Welt, die wir nicht kennen. Schränken Blockaden die persönliche Freiheit des Widders zu sehr ein, steigt in ihm eine vehemente Wut auf. Diese ungelöste Wut bezieht sich auf die ursprüngliche innere Paradoxie, unbedingt leben zu wollen und damit zugleich die Einheit zerstört zu haben. In passiver Wahrnehmung erfolgte die Trennung von der Einheit ohne eigenes Zutun oder gar als Rauswurf.

Demzufolge liegt dem Widder-Archetypen das emotionale Paradoxon zugrunde, mutig dem Impuls des Lebens zu folgen und zugleich die Trennungserfahrung umgehen zu wollen. So kommt es, dass der Widder zumeist in festen Beziehungen lebt, jedoch lernen muss, den Partner nicht zu überwältigen und zu beherrschen.

Das Glücksgefühl, das sich einstellt, wenn wir unserer eigenen Identität immer mehr gewahr werden, ist das Lebenselixier des Widders. Dies geschieht, wenn er die Spiegelung seiner selbst durch die anderen anerkennt. Von diesem Standpunkt aus kann der Widder in konstruktiver Weise seine Kraft zur Selbstentdeckung nutzen, weil er um seine instinktiven Projektionen weiß.

- Widder erlöst: Mut, Willensstärke, Unabhängigkeit, Präsenz, Tatkraft, Pionier.
- Widder unerlöst: Zorn, Kampf, Zerstörung, übersteigerte Selbstbezogenheit, Dominanz,

Stier

Tiefster Punkt dieses Archetyps ist der Überlebensinstinkt. Im Zeichen Stier durchlaufen wir einen Verinnerlichungsprozess, in dem wir die Erfahrungen aus der Widder-Phase in Hinblick auf das Überleben bewerten. Was ist sinnvoll, was nicht? Was wird gebraucht, um überleben zu können?

Das physische Überleben wird durch die fünf Sinne, die den animalischen Aspekt des Seins verkörpern, garantiert. Unsere sinnlichen Fähigkeiten wie Sehen, Hören, Fühlen, Riechen und Schmecken ermöglichen eine erfahrungsbasierte Bewertung unserer Wahrnehmung. Aus den so entstandenen Werten resultiert mithilfe der Unterscheidung zwischen angenehm und unangenehm unsere Überlebensstrategie.

Je mehr wir unseren Sinnen vertrauen können, desto stabiler ist die Beziehung zu uns selbst, unser Selbstwertgefühl, die Selbstliebe. Die vertrauensvolle Gewissheit in unsere instinktiven Überlebensfähigkeiten schafft eine innere Sicherheit, die uns den Spielraum eröffnet, unsere Möglichkeiten auszuprobieren. Daraus entwickelt sich eine Harmonie mit uns selbst, weil wir uns versorgen können. Wir gestehen uns dann aus innerster Überzeugung eine Existenzberechtigung zu. Die so geprägte Beziehung zu uns selbst erschafft einen inneren Magnetismus. Dieser basiert auf den Mechanismen der instinktiven Anziehung oder Abstoßung. Anziehende Sympathie oder abweisende Antipathie erzeugen die Schwingungen, auf denen das Resonanzgesetz beruht. Die vorherrschende Einstellung oder das vorherrschende Gefühl zu sich selbst ziehen im Außen das Pendant an. Eine veränderte innere Realität findet dann ihren entsprechenden Ausdruck in der äußeren.

Es geht im Zeichen des Stiers um unsere existenzielle Basis, er steht für unser leibliches Dasein in Raum und Zeit mit den vielfältigen Ressourcen, über die wir verfügen. So stellt sich beim Stier die alles entscheidende Frage, inwieweit wir Zugang zu unserer Lebensquelle haben und aus ihr schöpfen.

- Stier erlöst: Selbstbewusstsein, Selbstvertrauen, Selbstzufriedenheit, Sinnlichkeit und Genuss.
- Stier unerlöst: Gefühl von Wertlosigkeit, Schwierigkeiten, sich zu fühlen, Existenzängste, fehlender Glaube an eigene Potenziale.

Zwillinge

Der tiefste Punkt des Zwillings liegt in dem Bedürfnis, sich der Welt der Erscheinungen zu widmen und diese verstehen zu wollen. Sein Kernthema ist die geistig-mentale Ordnung. Der Erfahrungshorizont, den wir uns leiblich erschlossen haben, will nun geistig erfasst werden; was wir erfahren haben, findet jetzt Niederschlag in unserem Denken.

Wissensdurst und Neugierde liegen dem Zwillings-Archetyp zugrunde, denn er strebt danach, sich selbst in Bezug auf seine Umgebung zu erkennen. Der Zwilling folgt den logischen Mechanismen des Intellekts. Er versucht, durch das Analysieren eines Gesamtzusammenhangs dessen einzelne Bestandteile zu erkennen.

Aus Gebärdenkommunikation und Lautmalerei entwickelten sich unsere Sprachen. Das Benennen, Ordnen, Gruppieren und Definieren durch Worte sind die Werkzeuge des Zwillings, denn sie ermöglichen ihm ein methodisches Vorgehen. Technik und Naturwissenschaft basieren auf Messungen, Dokumentation und Definitionen. So legt der Zwillingsintellekt in seiner Logik Grundsteine in Form von Definitionen. Da Definitionen veränderbar und relativierbar sind, entspringt dem Zwilling auch ein rastloser Geist.

Durch Sprechen entwickeln sich unsere Gedanken weiter. Wir lernen, einzelne Worte in unterschiedlichen Zusammenhängen zu sehen. Das rationale Denken zieht grundsätzlich jede Möglichkeit in Betracht. Die Suche nach Erklärungen führt zu einer Vielzahl von Ideen. Jede einzelne kann ein Teil der Wahrheit sein. Das Wort, die Sprache und Artikulation sind der Ausdruck des Zwillings. Für den Erkenntniszuwachs bedarf es einer Bestätigung im Außen durch Kommunikation.

- Zwillinge erlöst: Aus der Vielfalt schöpfen, Leichtigkeit und Wendigkeit, Neugier, verspielter Umgang mit den eigenen Ideen, Wissensdurst, Freude am Kommunizieren.
- Zwillinge unerlöst: Rastlosigkeit, sich verwirren durch Relativieren, Gedankenrattern, Unruhe, keinen eigenen Standpunkt finden, Angst, etwas Falsches zu sagen.

Krebs

Tiefster Punkt des Krebs ist das Bewusstsein über uns selbst, die gefühlte Erkenntnis, dass es uns als einzelne Person gibt. Es entsteht ein Selbstbild, welches entscheidend von unserer frühkindlichen Umgebung geprägt ist. Der Krebs steht für das Formlose, das sich in unserem Körper beheimatet und somit eine Identität und Struktur erhält. Diese Instanz unseres Bewusstseins wird auch als Ego bezeichnet und ist ein emotionales Gebilde, das auf unseren ersten Kindheitserfahrungen basiert. Die Hauptfaktoren für die frühkindliche Prägung sind die Umstände, die wir am Lebensanfang antreffen, und unsere geschlechtliche Identität. Im Zentrum steht die emotionale Versorgung, denn sie wirkt sich auf die Entwicklung des Urvertrauens aus, welches im späteren Leben von ausschlaggebender Bedeutung für unsere innere Stabilität und Sicherheit ist.

Nach dem Gesetz der Entwicklung in der Evolutionären Astrologie ist in der ersten Lebensphase eine – subjektiv – perfekte emotionale Versorgung nicht möglich. Wäre das der Fall, hätten wir keine Motivation, emotionale Unabhängigkeit zu erlernen. Dennoch strebt das Ego nach sicheren Bezugspunkten, nach etwas, womit es sich identifizieren kann. Es findet Halt in den bereits gemachten Erfahrungen und im Körper.

Die Sehnsucht nach emotionaler Geborgenheit führt deswegen häufig zu einer Überidentifikation mit der eigenen Geschichte. Da es in dieser nicht ohne Defizite zuging, ist eine Identifikation mit der eigenen Geschichte ein schmerzhaftes Unterfangen. In diesem Zusammenhang liegt ein großes Entwicklungspozential für den Krebs, denn er erkennt, dass er mehr als die Summe seiner bereits gemachten Erfahrungen ist.

Unsere Heimat hier auf der Erde ist temporär, und so ringt der Krebs auf paradoxe Weise mit der Endlichkeit des Daseins und der Zeitlosigkeit unseres Bewusstseins, dessen einzige Realität das Gegenwärtige ist. Das ursprüngliche Dasein bezieht sich im Krebs auf seine Umgebung, die Familie, die Eltern, die uns eine Bedeutung geben, und es erwächst auch ein Bewusstsein dafür, dass wir selbst handeln und für uns sorgen können.

- Krebs erlöst: Innere Harmonie und Ausgeglichenheit, sich wohlfühlen in der eigenen Haut, sich selbst bemuttern können, sich eine schöne Heimat erschaffen.
- Krebs unerlöst: Tiefer Schmerz, sich vernachlässigt und ungerecht behandelt fühlen, emotional fordernd, zu viel auf sich beziehen.

Löwe

Die Essenz des Löwen besteht darin, sich mit purer Lust und Freude ausdrücken zu wollen. Zu diesem Zweck verfügt er über das Prinzip der Integration. Wir befinden uns beim Löwen auf dem höchsten Punkt der subjektiven Entwicklung. Es geht um unsere Persönlichkeit, deren integrative Kraft die Erfahrungen der Zeichen, von Widder bis Krebs, vereint. Die kreative Selbstverwirklichung, sich leidenschaftlich zu präsentieren und sich mit den zur Verfügung stehenden Ressourcen der ersten vier Tierkreiszeichen auszuleben, ist die große Leistung des Löwen. Darauf ist er sehr stolz und er möchte Anerkennung dafür bekommen, dass er sich so verausgabt.

Der Löwe ist sich über die Trennungserfahrung (Widder) seiner Einzigartigkeit bewusst. Er kann fühlen (Stier), denken und kommunizieren (Zwillinge) und für sich sorgen (Krebs). Fehlt ihm eine Erfahrung oder ist sie defizitär, kann er über das Denken Strategien entwickeln, die das, was ihm fehlt, ausgleichen.

Der Löwe fühlt sich seinen Fähigkeiten so verpflichtet, dass er sie auf der Bühne des Lebens mit sonniger Strahlkraft inszeniert – solange er dafür auch eine Wertschätzung erhält. Mangelt es hingegen an Applaus und Bestätigung, beginnt der Löwe, eine Rolle zu spielen oder entwickelt eine narzisstische Kränkung. In diesem Fall steht der Löwe vor der majestätischen Herausforderung, sich von seiner ausgeprägten Subjektivität zu distanzieren.

- Löwe erlöst: Lebendigkeit, Lebensfreude, Kreativität, Herzlichkeit, engagiert, verspielt.
- Löwe unerlöst: Größenwahn, selbstsüchtig, narzisstisch, geltungsbedürftig, immer im Zentrum stehen müssen.

Jungfrau

Tiefster Punkt der Jungfrau ist der Dienst am Ganzen. Die Jungfrau ist das Zeichen der Veränderung. Sie leitet von der subjektiven Entwicklung zur objektiven über. Mit ihr kommt ein Wendepunkt ins Leben, denn sie realisiert, dass es nicht selbstverständlich ist, alles zu haben, was für das Überleben notwendig ist.

Die Jungfrau erkennt an dieser Stelle, dass sie ordnen und bewahren muss, dass wiederkehrende Verrichtungen im Alltag zwingend sind, damit auch noch morgen etwas in der Speisekammer zu finden ist. Es muss etwas getan werden, wie in der Landwirtschaft zunächst gesät wird, um zu einem späteren Zeitpunkt ernten zu können. Manchmal verhagelt ein Unwetter die Ernte. Die Jungfrau realisiert auf diese Weise, dass sich nicht alles bestimmen lässt. Aus dieser Erkenntnis resultiert ihre Dankbarkeit und Demut.

Es ist die elementare Aufgabe der Jungfrau, etwas von sich selbst zu opfern. Damit steht sie für den Aspekt einer sinnvollen

Gemeinschaftsordnung, in der es für den Erhalt einer Gruppe oder Gesellschaft unentbehrlich ist, dass jeder einen Platz einnimmt, von dem aus er diesem übergeordneten Zweck bestmöglich dienen kann. Bestmöglich ist hier wörtlich zu nehmen, denn Perfektion bedeutet für die Jungfrau alles und ist ihr Maßstab. Diese bleibt allerdings in der irdischen Lebenswirklichkeit ein hehres Ideal. Fokussiert auf Mängel, Krisen und Unzulänglichkeiten, die sie zu verbessern trachtet, muss die Jungfrau ihren Frieden mit der gegebenen Realität finden. Es findet ein Prozess der Läuterung statt, denn die Jungfrau möchte dem Höheren dienen.

Diese Aufgabe kann sie nur meistern, wenn sie auch im Alltag ihre spirituelle Anbindung an die Quelle, die Schöpfung, aufrechterhält. Dann kann sie zum Nutzen der Gemeinschaft ihre Manifestationskraft wirken lassen und Mängel heilen, die aus einem unsachgemäßen oder willkürlichen Umgang mit der Realität und ihren Ressourcen rühren.

- Jungfrau erlöst: Gut vorbereitet, präzise, genau, Anpassungsfähigkeit, Selbsterkenntnis, der Weg ist das Ziel.
- Jungfrau unerlöst: Ständige Krisen, Selbstsabotage, Minderwertigkeitsgefühle, Vermeidung durch einen übersteigerten Realitätsbegriff.

Waage

Der tiefste Punkt der Waage besteht darin, einen Bezug zur Außenwelt herzustellen. Sich in Beziehung setzen, in Beziehung stehen, sind ihre Grundthemen. Mit dem Tierkreiszeichen Waage beginnt ein neuer Zyklus, in dem es darum geht, anderen zuzuhören, um über den Filter der eigenen Subjektivität hinaus die Realitäten der anderen zu verstehen und sich so zu objektivieren. Die Waage ist hier ein Pionier, sie lernt durch den Vergleich mit anderen etwas über sich.

Zunächst sind es die Eltern und die Geschwister, mit denen erste prägende Beziehungserfahrungen gesammelt werden. Der Vergleich mit den Lebensentwürfen der anderen dient auch dem

Erkennen und der Festigung der eigenen Werte. Die Bedürfnisse der anderen stehen nicht selten im Widerspruch zu den eigenen. Das kann zu einer paradoxen Situation führen, in der die Waage zwar ihre Anliegen verwirklichen möchte, doch dafür Kompromisse mit den anderen eingehen muss.

Es ist ein zentrales Thema der Waage, die Mitte zu finden, eine Gleichberechtigung im Geben und Nehmen herzustellen, sodass keiner der Beteiligten sich zu sehr aufopfert oder sich im anderen verliert. Die Suche nach der Harmonie durchläuft verschiedene Stadien, in denen Extreme jeder Art durchlebt werden. Das Spannungsfeld in Beziehungen entsteht zwischen dem egozentrischen Alleingang und dem hingebungsvollen Erfüllen der Bedürfnisse anderer. Das Außen umfasst alle Bedingungen, die auf das Sein einwirken. Das Individuum allein ist nicht existenzfähig.

Es ist die Bestimmung der Waage, zwischen Innen und Außen auf der Grundlage von Gleichheit und Unabhängigkeit eine Harmonie zu finden. Da dies eine Dynamik von permanenter Bewegung mit sich bringt, weil jede kleinste Interaktion das gerade gefundene Gleichgewicht wieder destabilisiert, braucht die Waage einen Fixpunkt. Dieser Fixpunkt muss außerhalb der Beziehung zwischen zweien liegen. Er ist das Dritte, auf das beispielsweise ein Paar Bezug nehmen kann: Kinder, gemeinsame Interessen, Ideale, Ziele oder Projekte.

- Waage erlöst: Umsichtig, hilfsbereit, aufmerksam, gebend, diplomatisch, harmonisierend, klug.
- Waage unerlöst: Abhängig, harmoniesüchtig, bedürftig, nicht allein sein können, Extremismus, auf Grund des »Dritten« stören Eindringlinge die Beziehung oder werden auf destruktive Weise in die Beziehung involviert.

Skorpion

Tiefster Punkt des Skorpions ist die Wandlung, denn sein Ziel ist Entwicklung. In diesem Zusammenhang steht der Skorpion, individuell betrachtet, für unsere Seele, deren Verlangen, Wünsche und Sehnsüchte uns treiben. In kollektiver Hinsicht steht der Skorpion für die Phänomene der Evolution. Die intensivste Wandlungserfahrung ist die der Metamorphose. Durch sie findet ein Prozess statt, der zu einer neuen Zustandsform führt. In der Natur verpuppt sich die Raupe und befreit sich als Schmetterling aus dem Kokon. Dieses Bild macht deutlich, welche enormen Kräfte im Verborgenen wirken.

Der Skorpion verkörpert diese Kräfte, die oftmals nicht sichtbar, doch ursächlich sind für das, was sich dann an der Oberfläche zeigt. Die Metamorphose ist ein Vorgang von »Stirb und Werde« und verlangt uns damit ein totales Loslassen ab. Die Raupe muss ihr Raupenleben hinter sich lassen, sonst steht sie ihrer Entwicklung zum Schmetterling im Wege. Die Radikalität der zu treffenden Entscheidungen, die das Skorpion-Prinzip einfordert, führt zwangsläufig zu Erfahrungen von Macht und Ohnmacht. Entwicklung bedeutet, Grenzen oder Begrenzungen zu überwinden, und dafür ist es notwendig, sich ganz und gar einem Ziel zu verschreiben. Je mehr Widerstand wir gegenüber einer evolutionären Notwendigkeit aufbauen, desto mehr Gegendruck erzeugen wir damit.

Mit Skorpion geht die Erfahrung des Todes einher. Leben ist Bewegung und Stillstand bedeutet den Tod, so muss etwas sterben, damit wir weiterleben können.

- Skorpion erlöst: Konzentration, Macht, Entscheidungsstärke, psychologische Fähigkeiten, die Essenz erkennen, Commitment (Verbindlichkeit), zuverlässig, eindeutig.
- Skorpion unerlöst: Manipulativ, Lug und Betrug, Geheimnisse, unlautere Absichten, Ohnmachtserfahrungen.

Schütze

Der Schütze verkörpert im Kern das Naturgesetz mit seinen Rhythmen und Zyklen. Es geht in diesem Archetyp darum, die Gesetzmäßigkeit der Zyklen zu erkennen.

Der Schütze steht für die Suche nach der absoluten Wahrheit und den unaufhörlichen Wunsch, das Bewusstsein zu erweitern. Aus der Perspektive des Schützen ist das Leben eine Reise, auf der er sich ständig neue Horizonte erschließt und seinen Blickwinkel erweitert. Aus der ganzheitlichen Betrachtung und der philosophischen Auseinandersetzung mit den Naturgesetzen resultieren Glaubenssysteme, Religionen und Weltanschauungen. Die Identifikation mit einer gefundenen Wahrheit stellt die Grundlage dar, auf der wir die Ereignisse unseres Lebens interpretieren. Die expansive Kraft und Leidenschaft des Schützen kann zu Übertreibungen führen, was eine Überidentifikation mit der eigenen Überzeugung zur Folge hat. Dies geschieht auch, weil der Schütze seine emotionale Sicherheit an dem festmacht, woran er glaubt. Mit der Erschütterung seines Glaubens geht eine tiefe Erschütterung seiner emotionalen Sicherheit einher. Um das zu vermeiden, entwickelt er in diesem Zusammenhang ein starkes Sendungsbewusstsein, einen Willen zu missionieren, um das eigene Weltbild aufrechterhalten zu können.

Auch wenn die Erfahrung uns nicht erspart bleibt, dass die eigene Wahrheit nicht zwangsläufig die der anderen sein muss, so ist dieses jedoch für den Schützen zugleich ein Ansporn, sich mit Humor und Begeisterung auf den Weg zu begeben und neue Weisheiten aus den Tiefen der ganzheitlichen Mysterien zu schöpfen.

- Schütze erlöst: Enthusiastisch, optimistisch, abenteuerlustig, die Fähigkeit, Zusammenhänge zu erkennen, konzeptionelles Denken, alte Weisheit, Intuition, Ehrlichkeit.
- Schütze unerlöst: Übertreibungen, Exzesse, missionieren, generalisieren, Unehrlichkeit aufgrund von Überidentifikation, Rastlosigkeit.

Steinbock

Tiefster Punkt des Steinbock ist die verdichtete Materie in Raum und Zeit. Es geht um Strukturen und Formen. In der Folge auf den

Schützen entstehen aus den dort gefundenen Glaubenssätzen, der Religion und der Philosophie nun Normen, Gesetze und Werte einer Gesellschaft. Aufgrund der Annahme, dass es einen Anfang gab, mit dem unsere Schöpfungsgeschichte begann, muss es etwas geben, das über allem steht. Aufbauend auf dieser Erkenntnis kann die Steinbock-Ordnung nur hierarchisch, also pyramidenförmig sein.

Allem Werden steht das Vergehen gegenüber. Das Gesetz von Raum und Zeit besagt, dass jede Form und somit auch unser Leben der Vergänglichkeit unterworfen ist. So regelt der Steinbock die Konsequenzen unseres Handelns. Manch eine Entscheidung im Leben lässt sich nicht mehr rückgängig machen, wir tragen die Folgen und die Verantwortung dafür. In diesem Sinne mahnt uns der Steinbock zu Ernsthaftigkeit und Reife. Jeder wichtige Schritt will bewusst geprüft sein, damit wir nicht auf Sand bauen.

Lasten Verantwortungsbewusstsein und der Druck zu funktionieren zu sehr auf uns, keimt im Steinbock die Sehnsucht nach Kontrollverlust. In diesem Fall produzieren wir Chaos, um durch den Verlust der Ordnung an unsere Emotionen heranzukommen. Der Steinbock steht für die Struktur unseres Wachbewusstseins, dessen innere Klarheit eine Ordnung benötigt. Aus diesem Grund brauchen wir Zeit, um uns zu reflektieren, die Ereignisse des Tages einzuordnen und zu verarbeiten. Für die Prüfung der gegenwärtigen Umstände ist Ruhe unverzichtbar. Aus der Kraft der inneren Ordnung erwachsen Ziele, eine Berufung.

In spiritueller Hinsicht bringt der Steinbock das göttliche Gesetz der Fische in Raum und Zeit auf die Erde. Durch seine Fähigkeit der Formgebung steht er für die Einweihung, das Eingeweiht-Sein. Die Strukturen und Regeln, die er hierbei erschafft und für deren Einhaltung er sorgt, sind auch ein Schutz, ohne den wir uns in der endlosen Weite der geistigen Welt verlaufen würden.

Autorität und Verantwortung sind somit auf allen Ebenen die Attribute des Steinbocks. In gesellschaftlicher Hinsicht betrifft das die Leistungsträger und Institutionen. In der ursprünglichen Familie übernimmt dies der Vater. Der Steinbock steht aufgrund seiner hierarchischen Ordnung für das Patriarchat, in dem wir seit Tausenden von Jahren leben.

- Steinbock erlöst: Verantwortungsbewusst, zielstrebig, klar, strukturierend, ruhig, nachdenklich, leistungsorientiert, diszipliniert.
- Steinbock unerlöst: Rechthaberei, strafend, Machtausübung durch Privilegiertsein, verurteilend, Sündenbocksyndrom, Vorurteile.

Wassermann

Der Wassermann ist das Zeichen der Auflehnung und Rebellion, denn sein tiefstes Anliegen ist die Individuation. An diesem Punkt der Entwicklung geht es um die Einsicht in unser Wesen, wer wir wirklich sind im Zusammenhang mit allem, was uns umgibt, und mit allem, was bereits vergangen ist.

Im Wassermann beginnt etwas Neues, denn hier findet in der Vorbereitung auf die Fische-Einheit eine Trennung von dem statt, was nicht zu uns gehört. Da dieser Schritt uns abverlangt, die Einheit in uns zu finden, verfügt der Wassermann über die Fähigkeit, ein Doppelbewusstsein entwickeln zu können. Das Doppelbewusstsein ermöglicht einem Teil unserer Persönlichkeit, die Vogelperspektive einzunehmen, sodass wir unser Tun aus der Distanz betrachten können. Aus diesem Blickwinkel heraus lässt sich das wahre Ich erkennen, weil im Kontext mit unserer Umgebung deutlich wird, wer wir sind.

In der Konsequenz bedeutet das auch, die im Steinbock gefundenen Positionen infrage zu stellen oder sogar aufgeben zu müssen. Eine solche Überprüfung bezieht sich sowohl auf unsere familiäre und soziokulturelle Prägung als auch auf die von uns selbst festgelegten Grundsätze.

Im Wassermann liegt die Paradoxie von Nähe und Distanz. Wann immer eine Situation droht, zu anhaftend und starr zu werden, rebelliert unser gesamtes System und es kommt auf die eine oder andere Weise zu Trennung und Distanz. Wenn wir die

Stagnation der Umstände selbst nicht wahrhaben wollen, bauen sich sogar Störfelder im Außen auf, um die Verhältnisse zu verändern und uns von Anhaftung und Stillstand zu befreien. Nicht selten geschieht dies mit einer Plötzlichkeit, die eine enorme Sprengkraft hat und auf einer höheren Ebene der Entwicklungsbeschleunigung dient.

Der Wassermann ist mit den kosmischen Gesetzen, der höheren Intelligenz und der Weisheit des Universums verbunden. Die höhere Intelligenz bringt uns in Kontakt mit den kollektiven Erfahrungen der Menschheit, die wir jeweils individuell durchlebt haben. Wir sind verbunden mit dem großen Plan, der Matrix, aus der sich der nächste Schritt ergibt. Die Zukunft ist einerseits unbekannt und andererseits geht sie aus der Vergangenheit hervor.

Die Taten des Wassermanns folgen einer Idee, deren Konsequenzen noch nicht bekannt sind. Wir fallen im Wassermann aus Raum und Zeit und aus jeglichem Rahmen heraus. Resultiert daraus ein Verharren in der Vogelperspektive, führen wir ein Zaungastdasein. Involvieren wir uns in zwingende Umstände, die keinen Raum für die Individualisierung lassen, verleugnen wir den Wassermann-Impuls.

So liegt der Schlüssel für den Wassermann in einer befreiten, unvoreingenommenen Haltung, die den individuellen Standpunkt stärkt, indem wir es uns erlauben, selbst zu entscheiden, was wir richtig finden und was nicht. Und zugleich ist es notwendig, sich in die Verhältnisse einzubinden, um das innovative Potenzial des Wassermanns auszuleben.

- Wassermann erlöst: Unverhaftet, vorurteilsfrei, nicht bewertend, erfindungsreich, in Zusammenhängen denken, Weitblick, inspirierend.
- Wassermann unerlöst: Unterkühlt, distanziert, entfremdet, voyeuristisch, getrennt von den Gefühlen, aufbrausend, unberechenbar.

Die Fische sind das Zeichen der Kulmination. Sie bezeichnen den Ort, an den alle zurückkehren und aus dem jedes neue Leben wieder hervorgeht. Sie stehen für die Schöpfung, die allumfassende Liebe. In den Fischen sehnen wir uns nach dem Paradies, dem Einssein. In ihnen liegen unsere schöpferischen Kräfte, die Fantasie und Poesie. Die Fische denken in Metaphern, so wie unsere nächtlichen Träume sich einer Bildsprache bedienen.

Wir bewegen uns in den Fischen in der Grenzenlosigkeit. In ihrem Fokus liegt das Spannungsfeld zwischen Vertrauen und Angst. Vertrauen bietet keine Gewissheit, außer unserer inneren Verbundenheit mit dem Unendlichen gibt es keine Begründung dafür. Ein Fisch schwebt im Wasser, er steht nicht auf dem Grund. Wir schweben in dem Wissen um die Existenz des Urvertrauens und haben den tiefen Wunsch, dieses Vertrauen bewusst zu erleben. In diesem Zustand der absoluten Verbundenheit erleben wir für Momente Raum- und Zeitlosigkeit.

Es ist ein Ruhen in der Gegenwart, wobei der Augenblick des bewussten Gewahrseins schon wieder der Ausstiegspunkt sein kann. So begleitet die Fische die Angst, den Seinszustand nicht erfassen zu können, weil es nicht möglich ist, ihn zu fixieren. Im Alltag, in der Realität sind Raum und Zeit scheinbar feste Größen, in denen sich die Beschränktheit unserer irdisch-physischen Fähigkeiten abbildet und die unser Leben definieren. Transzendenz beginnt jenseits der Grenzen unserer Wahrnehmungsfähigkeit.

Es kommt zu Desillusionierungen, wenn wir aus dem Raum-Zeit-Bewusstsein heraus Vorstellungen und innere Wunschbilder entwickeln, wie das Eins-Werden auszusehen hat. Wir können beten, meditieren, Bäume umarmen, aber es ist nie gewiss, ob wir dabei die allumfassende Liebe spüren. Aus diesem Grund befinden wir uns in den Fischen in einer permanenten Wechselwirkung zwischen dem, wonach wir uns sehnen und dem, was wirklich ist.

Die Vielfalt und das Geheimnis der Schöpfung, das die Fische in sich bergen, sind überfordernd und oft erkennen wir in dieser Fülle nichts Konkretes mehr, sodass sie uns als Leere erscheint. Die Überwindung dieser Leere bedeutet, sich auszuliefern, loszulassen und die Realität bedingungslos anzunehmen. So stehen die Fische für das Mitgefühl und die Heilung, für eine höhere Ordnung, selbst wenn sie sich uns im Augenblick nicht erschließt.

- Fische erlöst: Urvertrauen, Heilung, der Fluss im Leben, liebevoll, mitfühlend, sensibel, sich als Teil der Schöpfung erleben.
- Fische unerlöst: Täuschen, verleugnen, idealisieren, Sucht, Flucht, unehrlich, abtauchen, sich entziehen.

Das Zusammenwirken der Archetypen

Jedes Ereignis ist gekennzeichnet vom Zusammenwirken aller 12 Archetypen. Sie sind immer in ihrer Gesamtheit an allem Geschehen beteiligt und stehen in spezifischen Beziehungen zueinander. Somit ist auch der Aufbau des Tierkreises archetypisch zu verstehen:

Die Reihenfolge und auch die daraus resultierenden Beziehungen der Tierkreiszeichen zueinander sind alles andere als beliebig. Der archetypische Tierkreis beginnt mit dem Widder und endet in den Fischen. Aus der Interaktion der einzelnen Tierkreiszeichen sind allgemeingültige Gesetzmäßigkeiten zu entnehmen. Eine davon ist die Polarität, jedem Tierkreiszeichen steht ein anderes gegenüber. Daraus ergeben sich sechs Achsen. Widder-Waage, Stier-Skorpion, Zwilling-Schütze, Krebs-Steinbock, Löwe-Wassermann und Jungfrau-Fische. Diese Achsen sind in der Evolutionären Astrologie von besonderer Bedeutung, weil Entwicklung sich durch die Verwirklichung der Polarität vollzieht.

Der Widder braucht für sein Fortkommen die Waage. Das ihm innewohnende instinktive Streben durch Tun, sein purer Aktionismus würde sich verirren, gäbe es nicht eine Reaktion auf sein Handeln. Die Waage verkörpert die Außenwelt und gibt somit dem Widder das Feedback, das er braucht, um sich zu finden. Verliert sich die Waage bis zur Handlungsunfähigkeit im Feedback der anderen, braucht sie die Freiheit und Unabhängigkeit des Widders, um wieder in Aktion treten zu können.

Der Stier würde die einmal entdeckte Weide nie wieder verlassen, gäbe es nicht den konfrontativen Skorpion, der im Falle des Stillstandes für Veränderungen sorgt, damit der Fluss des Lebens, das Urprinzip der Entwicklung, weiterhin stattfinden kann. Im Beispiel der satten Weide käme möglicherweise eine Dürre, sodass der Stier weiterziehen muss. Hat sich der Skorpion in Zwängen und Verpflichtungen zu sehr eingekesselt, braucht er die Selbstversorgungsfähigkeit des Stiers, damit ihm die eigenen Ressourcen nicht abhandenkommen.

Der Zwilling braucht den Schützen, ohne ihn würde er sich mit seiner Detailverliebtheit in den Verästelungen des Intellekts verlaufen. Der Schütze gibt dem Zwilling ein ganzheitliches Konzept, einen größeren Zusammenhang, an dem der Zwilling seine geistige Aktivität ausrichten kann. Und umgekehrt bewahrt der Zwilling den Schützen vor Übertreibungen und Verallgemeinerungen. Er verlangt dem Schützen regelmäßig eine logische Überprüfung seiner Glaubenssätze ab.

Beim Krebs würden wir im Bewusstsein des kleinen Kindes verweilen und Versorgung durch andere brauchen, gäbe es nicht den Steinbock, durch den wir Selbstverantwortung lernen. Der Steinbock seinerseits würde im Funktionieren erstarren, gäbe es für ihn nicht den Krebs, der Geborgenheit und emotionale Wärme braucht, um sich wohlzufühlen, sich beheimaten zu können.

Der Löwe würde sich – berauscht von sich selbst – im Kreis drehen und sich auf etwas Glückverheißendes fixieren, gäbe es nicht die Aufforderung zur Vogelperspektive durch den Wassermann. Aus der Distanz betrachtet kann der Löwe erkennen, was ihm außer dem Bekannten noch eine Herzensangelegenheit sein könnte. Und umgekehrt, der Wassermann würde ein Zaungastdasein fristen, indem er in der Distanz verharrte, würde der Löwe ihn nicht das Mitwirken lehren.

Der Dienst am Ganzen im Zeichen der Jungfrau verkäme mit

ihren wiederkehrenden Verrichtungen zu purer Alltagsroutine, wenn nicht die Fische der Jungfrau einen höheren Sinn verliehen. Die Fische würden sich mit ihren Träumen und Idealen in unserer begrenzten Welt verirren, gäbe es für sie nicht die Jungfrau und somit den Abgleich mit der Realität.

Aus Sicht der Evolutionären Astrologie ist die Entwicklung unseres seelischen Bewusstseins der letztendliche Grund unseres Daseins. Wir sind hier, um eine menschliche Erfahrung zu machen, die dem Bewusstseinswachstum unserer Seele dient und damit zur Evolution des Universums beiträgt.

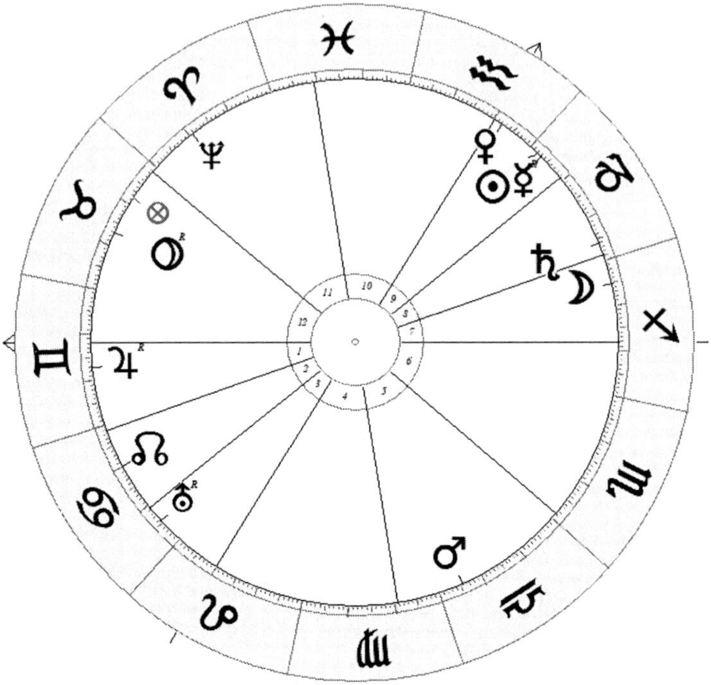

Abbildung 2:
Deutschland, 18.1.1871, 13:00 LMT, Porphyrius-Häuser
Versailles, F

Das Deutschland-Horoskop

Das Landeshoroskop Deutschlands ermöglicht die Betrachtung der deutschen Pluto-Krebs- und Pluto-Jungfrau-Generation aus einer umfassenderen Perspektive, denn es stellt das Geschehen in den Rahmen eines übergeordneten kollektiven Kontextes. Das für die Bundesrepublik Deutschland nach wie vor gültige Horoskop ist das der Gründung des Deutschen Reiches 1871, denn es besteht juristisch fort und alle wichtigen historischen Einschnitte spiegeln sich als signifikantes Transitgeschehen in diesem Horoskop wider.

Rückläufiger Pluto im Stier im 12. Haus

Wäre Deutschland ein Mensch, so würde der Pluto im 12. Haus zunächst den Widerstand gegen das Vertrauen zu sich selbst repräsentieren. Diese Person hätte aufgrund der Enttäuschung, trotz kontinuierlicher Bemühungen immer wieder in Existenzkrisen zu geraten, tiefe Selbstzweifel entwickelt. Im Landeshoroskop Deutschlands rückt durch die Pluto-Stier-Disposition das eigene Überleben als existenzielle Aufgabe ins Zentrum seiner Geschichte. Deutschland litt in der Vergangenheit immer wieder an Überlebenskrisen und Nöten, die es schon vor der Reichsgründung 1871 zutiefst geprägt haben. Hierbei handelte es sich regelmäßig um übermächtige Kräfte wie Naturkatastrophen, Kriege, Seuchen und Ernteausfällen, die zu Hunger und Elend führten. Die deutsche Kollektiv-Seele ist somit von Erfahrungen des Zusammenbruchs geprägt, was eine immerwährende Sorge um Wohlstand und Überleben zur Folge hatte. Der jeweilige Anlass der Existenzkrisen schien unabänderlich, weil unkontrollierbar.

Aufgrund der ausgeprägten Fähigkeit zur Selbstanalyse – Pluto herrscht über das 6. Haus – verfügt Deutschland über ein hohes

Maß an Selbstkritik bis hin zur Selbstgeißelung. Daraus resultierte die Interpretation (Venus im 9. Haus), die Schuld an den Krisen selbst zu tragen. Deutschland schuf sich so einen Feind im Inneren, weil es auf diese Art an seiner Integrität zweifelte. Der rückläufige Uranus im 3. Haus im Krebs ergänzt diese Selbstzweifel, weil durch die Einigung der heterogenen Kleinstaaten die Frage nach der Identität aufgeworfen wurde. Zu Zeiten der Reichsgründung müssen demnach Zwänge (Pluto rückläufig) von außen bestanden haben, die die Einigung notwendig machten. Grundlage der Vereinigung war, mit Pluto im Stier, das Überleben als Einheit besser garantieren zu können. Der verborgene Feind im Inneren manifestierte sich auch in den zahlreichen unterschiedlichen Strömungen, die gegeneinander rebellierten und konkurrierten.

Neptun und die Mondknotenachse

Die Angst vor Krieg (Neptun im Widder) und Vernichtung (Südknoten Steinbock 8. Haus), mit der Konsequenz, von fremden Mächten abhängig zu sein, erschuf ein Leistungssystem (Saturn Konjunktion Südknoten, Steinbock, 8. Haus) aus Funktionieren, Disziplin und Ordnung. Es entstand der Eindruck, alles aushalten zu müssen, was zu einer enormen Zähigkeit in der deutschen Mentalität führte. Kontrolle und Ordnung sollten vor dem Chaos schützen und so das Überleben garantieren. Wann immer sich jedoch die Existenzängste aktivierten, setzte zur Kompensation eine Dynamik ein, die ein übersteigertes Bedürfnis danach erzeugte, geliebt und mindestens auf Augenhöhe anerkannt zu werden. Die Folgen davon sind Übertreibung und Verausgabung (Mond in Schütze, 7. Haus).

Der Mond im 7. Haus sucht seine Sicherheit in der Gleichberechtigung zu anderen und ihrer Anerkennung. Deutschland ist aus diesem Streben nach Größe und Respekt den anderen europäischen Großmächten hinterhergelaufen. Kolonialismus, Kaiserzeit und Demokratie sind Beispiele dafür. Der Mond im 7. Haus bedeutet, dass Deutschland den Verbund mit anderen braucht. Andererseits steht der Mond für das Volk und somit könnte es sich genauso auf einen inneren Dialog beziehen, um gemeinsame Ziele zu definieren (Jupiter rückläufig Zwilling, Herrscher Mond).

Richtet sich das Sicherheitsstreben des Mondes auf das Außen, erliegt es schnell dem Trugschluss, dass sich durch engagierten Einsatz und Anstrengungen zur Unterstützung der anderen Anerkennung und Wertschätzung schon einstellen werden. Verbindet sich diese Dynamik mit dem durch Existenzkrisen verursachten Mangel an Selbstwert, entstehen Übertreibungen. Es kommt zur völligen Verausgabung durch Bereitstellung aller verfügbaren Ressourcen (Nordknoten Krebs im 2. Haus), um den inneren Mangel zu heilen, sich rein und sicher fühlen zu können.

Der Lösungsansatz der Pluto-Polarität

Deutschland ist von seiner Entstehungsgeschichte her ein Außenseiter (Venus Wassermann) und sehnt sich danach, einer Gemeinschaft anzugehören. Die Sehnsucht nach Harmonie und Wertschätzung durch andere ist so groß, dass sich der Anfangsfehler Deutschlands oft wiederholte und es Grundwerte seiner selbst – bis hin zur eigenen Identität – zur Disposition stellt, um geliebt und anerkannt zu werden (Mond im 7. Haus). Die Lösung des Pluto-Dramas befindet sich im 6. Haus im Skorpion. Die äußeren Zwänge sollen somit im Hinblick auf die eigenen Werte analysiert werden. Es geht um das Wiederfinden der eigenen Macht und Ressourcen durch Ordnung. Auf der Basis der Selbstverpflichtung (6. Haus Skorpion) kann Deutschland sein großes Potenzial, sich einem höheren Sinn zu unterstellen und einen Dienst am Ganzen zu leisten, zur Blüte bringen.

Die Beeinflussbarkeit durch andere (Mars in Waage), begründet durch die Existenzängste, soll einem pragmatischen und schrittweisen Vorgehen (6. Haus) weichen (Pluto 12). Mars im 5. Haus in der Waage steht als Altherrscher von Skorpion für die Integration (5.

Haus) der Impulse, die eine positive Entwicklung fördern. Im Gegenzug bedeutet der Mars auch, sich von den Einflüssen zu trennen, die auf der Abhängigkeit von Anerkennung und Applaus basieren.

Zusammenfassung

Deutschlands Grundthema liegt in der traumatischen Erfahrung von Hunger und Zerstörung (Pluto Stier 12 und Venus Wassermann). Diese Erfahrungen führten zu einem Verlust an Vertrauen in die eigenen Überlebensfähigkeiten. Und das wiederum führte zu einem Verrat an den eigenen Werten im Glauben, nur um überleben zu können. Daraus resultierte ein tiefes Schuldgefühl, nicht zu sich selbst gestanden zu haben, was einen Bruch in der Beziehung zu sich selbst veranlasste. Um den ramponierten Selbstwert zu heilen, bedarf es der Erlaubnis, die eigenen Stier-Interessen (Wohlstand, Genuss, Fühlen, Sinnlichkeit) leben zu dürfen. Solange versucht wird, den inneren Konflikt mit sich selbst und der Geschichte durch die Beziehungen mit anderen zu lösen, wird die Heilung des Selbstwertes nicht gelingen. Erst wenn Deutschland seinen inneren Feind erkennt, können wirkungsvolle Maßnahmen folgen, sich den Selbstverrat zu verzeihen. Es kann z.B. realisieren, dass diese irrationale Existenzangst schon im 30-jährigen Krieg begründet liegt, einer Ohnmachtserfahrung riesigen Ausmaßes.

Wenn Deutschland sich seines tatsächlichen inneren Feindes bewusst wird, muss es auch keine Realität mehr erschaffen mit real existierenden Feinden im Außen wie beispielsweise mit Besatzern, Invasoren, Angreifern. Wenn das Bewusstsein klar wird, kann ein Friedensvertrag geschlossen werden. Dann braucht Deutschland den zementierten Feindstaat-Status nicht mehr als beständigen Mahner, sich in (innere) Ordnung zu bringen.

Konstellationen der 1930er-Jahre

Dimensionen der elterlichen Prägung

Da das Hauptinteresse in diesem Buch der Pluto-Jungfrau-Generation der 1960er-Jahre gilt, ist es sinnvoll und notwendig, die prägenden Umstände dieser Generation näher zu betrachten. Hierbei stellt sich für die Pluto-Jungfrau-Geborenen die Frage, welche Konditionierungen aus der Vergangenheit sie bis heute begleiten, die es ihnen erschweren, ihr Potenzial zur glücklichen Entfaltung zu bringen.

Vor dem Hintergrund der gegenwärtigen Konstellation von Neptun in den Fischen kann eine Klärung der eigenen Biografie in der Weise gelingen, dass die Selbstsabotage-Zwänge der Pluto-Jungfrau-Generation sich erübrigen. Der Neptun-Transit wird bis Mitte 2025 die Fische durchwandern und den Pluto der 1960er-Jahrgänge aspektieren.

In diesem Transit liegt für die Pluto-Jungfrau-Geborenen die große Chance, die alten Wunden zu heilen. Doch zunächst bedeutet das, sich der Generation der Eltern zu widmen, um die Dimension der eigenen frühkindlichen Prägung zu erfassen. Die Pluto-Jungfrau-Generation steht hier vor einem Sonderfall, denn ihre Eltern waren die Kriegskinder in der Zeit des deutschen Nationalsozialismus.

Die Hinwendung zur Vergangenheit und den familiären Wurzeln kann nicht nur ein Verständnis für die Übertragungen von Generation zu Generation fördern, sondern auch im Neptun-Sinn ein tiefes Mitgefühl für alle Beteiligten auslösen. Hierbei geht es um eine Haltung, die nicht bewertet oder verurteilt, sondern die verstehen will, um Frieden zu finden.

Die Astrologie kann der Pluto-Jungfrau-Generation auf dem Weg ihrer Selbstfindung eine enorme Hilfe sein, denn sie eröffnet uns unter der Einbeziehung der drei Parameter von Uranus, Neptun und Pluto eine überpersönliche Orientierung. So beginnt die

Betrachtung der Elterngeneration auf planetarischer Ebene mit dem Blick auf die Zeitqualität der 1930er-Jahre. (Siehe hierzu Tabellen Seite 12f.)

Planetenstellungen in den 1930er-Jahren

In den 1930er-Jahren transitierte Pluto das Tierkreiszeichen Krebs. Den Regeln der Evolutionären Astrologie folgend, lag in diesem archetypischen Feld die Aufforderung zur Entwicklung und Wandlung.

Der evolutionäre Impuls Plutos wurde damals durch den Uranus ergänzt. Dieser hielt sich zunächst im Zeichen Widder auf. Kurz vor Beginn des Jahres 1935 vollzog Uranus den Zeichenwechsel in den Stier. Dort trat er für die folgenden acht Jahre seine Reise an, sodass auch der Kriegsbeginn 1939 in die Uranus-Stier-Zeit fiel.

So kam es, dass Uranus, zuständig für das Bild, die Vision des anstehenden Wandels, sich zum Zeitpunkt der Machtergreifung noch im Zeichen des Neuanfangs, dem Widder, befand. Der zeitnahe Wechsel in den Stier ermöglichte alsbald das Etablieren des Neuen. Das ist eine astrologisch schlüssige Erklärung für das zügige Erstarken des damaligen Systems, denn im Tierkreiszeichen Stier geht es um die Auswertung der vorangegangenen Erfahrung und das Etablieren von Werten.

Im Weiteren wurde das Geschehen von den Wünschen und Sehnsüchten des Neptun begleitet, der – damals in der Jungfrau – ein Ideal von einer heilen Welt hervorrief. Die Sehnsucht nach einer Jungfrau-Ordnung, die jedem Einzelnen einen Platz zuweist, von dem aus Engagement sich lohnt, war groß.

Bezugnehmend auf Pluto im Krebs, das Grundthema dieser Zeit, rückte das Ideal der kinderreichen Familie (Krebs) als wichtigstes Element eines starken Volkes in den Vordergrund. Sie erschien als der Ort, von wo aus sich eine bessere Welt gestalten ließ. Das Jungfrau-Gesetz von Über- und Unterordnung wies jedem seinen genau definierten Platz zu.

In Verbindung mit der Grundschwingung von Pluto in Krebs bestand das kollektive Bedürfnis der damaligen Zeit darin, Stabilität und Identität durch die Zugehörigkeit zu einer Wir-Gruppe zu erhalten. Vor dem Hintergrund von Rezession und Reparationszahlungen waren viele Menschen ohne Arbeit und hungerten. Sie sehnten sich danach, genug zu essen zu haben.

Auf der Ebene von Nationen und Völkern verlangte gerade Deutschland, nach dem verlorenen Ersten Weltkrieg, nach einer Identität, der nicht der Makel der Niederlage anhaftete. Jedoch ging es weniger um eine fleckenlose Identität als um die reine Existenz nach dem Verlust der Monarchie und dem Versagen der Weimarer Republik. Um sich wieder als Gemeinschaft zu finden, bedurfte es – nach den Entwicklungsgesetzen der Evolutionären Astrologie – der Polarität von Krebs und somit der Qualitäten des Steinbock.

Pluto Polarität Steinbock

Der Entwicklungsimpuls Plutos beabsichtigte gemäß dem Tierkreiszeichen Krebs einen Wandel der kollektiven Identität und dieser schien durch kulturelle Werte und Normen sowie neue Staatsstrukturen, die Sicherheit garantierten, möglich (Steinbock). In Deutschland nahm die Entwicklung ihren bekannten Verlauf. Die Sehnsucht nach einem intakten Wir-Gefühl durch eine starke Führung, die Schutz, Ordnung und stabile wirtschaftliche Verhältnisse versprach, manifestierte sich im Nationalsozialismus.

Dem Krebs ist das Volk zugeordnet und der Steinbock steht hier für die Obrigkeit. Zentrale Aufgabe des Steinbocks ist es, Verantwortung zu übernehmen und sich dabei an die vereinbarten Grundsätze zu halten. In einer verzerrten Form kann es dazu kommen, dass der Steinbock die Verantwortung anderen aufbürdet, statt sie selbst zu tragen. Geschieht dies, kommt es zum Sündenbocksyndrom durch Schuldzuweisungen. Andere Menschen oder ein Umstand werden dann für das eigene Wohlergehen zur Verantwortung gezogen. Das heißt, je ohnmächtiger und hilfloser die eigene Lebenssituation erscheint, desto naheliegender, dass ein äußerer Faktor die Schuld an diesem Umstand trägt.

In den 1930er-Jahren hätte eine erlöste Form von Selbstverantwortung ein hohes Maß an Selbstreflexion und auch Selbstakzeptanz vorausgesetzt. Doch zu Zeiten von Pluto im Krebs stand, sowohl kollektiv als auch individuell, ein tiefes Ablehnungsgefühl gegenüber sich selbst im Raum.

Die existenzielle Not sowie die maßlosen Reparationen, herrührend aus der aufgebürdeten Alleinschuld am Ersten Weltkrieg, lösten das Gefühl aus, mit der eigenen Existenz die Gemeinschaft zu belasten. Hinzu kam ein Gefühl des Mangels (Jungfrau), der Unzulänglichkeit und der Schwäche (Neptun). Die Hungerwinter, massive Arbeits- und Hoffnungslosigkeit, die Heimkehr tausender Kriegsinvaliden nach dem Ersten Weltkrieg – das alles löste eine tiefe existenzielle Bedrohung aus.

Uranus Widder – Uranus Stier

In der Zeit seines Widder-Transits erzeugte Uranus ein Bild von Kraft und Freiheit, das auch von dem Wunsch nach Stärke durch einen Neuanfang geprägt war. Der Uranus im Widder legte zusätzlich den Finger auf die emotionale Wunde des Ausgeschlossenseins, insbesondere für Deutschland als Nation, aber auch für alle Menschen, die sich abgehängt und chancenlos fühlten, weil die Perspektivlosigkeit sie erdrückte. Das ganze Land war absolut traumatisiert und in einer Art kollektivem Sterbeprozess.

Gleichzeitig entbehrt die Konstellation – Uranus in Widder – nicht der Paradoxie. Nähe und Distanz seitens Uranus verbinden sich mit dem emotionalen Paradoxon von Freiheit und Bindung des Widderzeichens. Dadurch kommt es zu plötzlichen Wechseln zwischen Alleingängen, die sich in spontanem instinktivem Handeln äußern, und dem gleichzeitigen Einfordern einer Rückversicherung von anderen. Das heißt, die Widder-Dynamik setzt hier durch Taten Fakten, ohne andere mit einzubeziehen, und diejenigen, die sich in einer Situation der Handlungsunfähigkeit befanden, konnten wieder aktiv werden, eine neue Gesellschaft aufbauen.

Mit dem Eintreten des Uranus in den Stier veränderte sich die Zukunftsvision für das neue Identitätsstreben in Deutschland wesentlich. Der Stier bewahrt das Leben auch, indem er seinen Besitz verteidigt. Er steht für das Brauchtum, Blut und Boden, für die Sippe. Auf den Neuanfang der Uranus-Widder-Zeit folgte mit Uranus im Stier die Zeit, das Neue zu etablieren. Hierbei erschuf das Uranus-Stier-Bewusstsein ein Bedrohungsszenario, in dem alles vermeintlich Fremde als Gefahr für das eigene Überleben ausgemacht wurde. Aus der Uranus-Eigenschaft, das Außergewöhnliche und Besondere zu betonen, entwickelte sich eine Aversion gegenüber dem Andersartigen. In Verbindung mit dem Stier-Archetypen verfestigte sich eine Utopie der besonderen Rasse.

Dieser Rückgriff seitens Uranus auf die Rassenforschung, im 19. Jahrhundert ein Forschungsgebiet der Völkerkunde, ist ein ihm typisches Vorgehen. Auf einer konservativen Ebene kann der Uranus-Archetyp ein Dinosaurierbewusstsein entwickeln, das darin besteht, »Altes« mit neuen Augen zu schauen. Gerade im gesellschaftlichen Kontext werden bis heute nicht selten Theorien aus der Vergangenheit bemüht, die dem aktuellen Prozess Vorschub leisten sollen. In den 1930er-Jahren bezog sich demnach das Nähe-Distanz-Verhalten auf die Spezies und die Gesinnung. Im Laufe der Uranus-Stier-Zeit mündete dieser Ansatz in gewaltvolle Extreme.

Ein weiterer Aspekt des Zusammenwirkens von Uranus und Stier ist der fremde (Uranus) Besitz (Stier). Man verleibte sich den Besitz der Ausgegrenzten und Verfolgten ein. Diese Vorgehensweise legitimierte sich durch die Überidentifikation (Pluto in Krebs) mit der besonderen Spezies (Uranus in Stier). Man erhöhte sich selbst, indem man die Ausgegrenzten erniedrigte.

Die Projektion der eigenen Bedürfnisse auf andere ist eine Dynamik des Stiers. Sie findet dann statt, wenn wir das, was wir brauchen, uns selbst nicht geben können. Da das kollektive Schuldgefühl keine Größe zuließ, musste es auf die Sündenböcke projiziert werden, um den eigenen Wert hochhalten zu können.

Kombiniert mit Pluto im Krebs, dem Grundsatzthema, ließe sich die Konstellation interpretieren als Sehnsucht des ohnmächtigen Volkes nach einem Steinbock-Führer, der wiederum den Randgruppen (Uranus) die Steinbock-Schuld für das Existenztrauma (Uranus-Stier) gab. Auf diese Weise hatte der Faschismus planetarisch seine Grundlage durch die sehr instinktiv ausgelebte Verbindung der beiden Archetypen Stier und Krebs.

Die Selbstbefreiungskräfte durch Uranus im Stier veranlassten eine Rebellion gegen die Knechtschaft durch den Versailler Vertrag. Der gesunde Impuls nach Freiheit und Selbstbestimmung entwickelte sich zu Übertreibung und in Größenwahn.

Neptun in der Jungfrau (ca. 1928–1943)

Unter den Vorzeichen der Neptun-Jungfrau-Qualität wünschten sich die Menschen zutiefst, einem höheren Ziel zu dienen, sich dem zu unterstellen, was Besserung versprach.

Jedoch wurde die Analysefähigkeit der Jungfrau immer wieder stark beeinträchtigt. Ängste und Nicht-Wahrhaben-Wollen führten zur Verdrängung der Realität. Sehr betroffen macht dieser Mechanismus in Bezug auf die Deportationen in die Konzentrationslager, denn die Neptun-Verdrängung ermöglicht es, die Realität auszublenden und zu verleugnen.

Das Pozential von Neptun in der Jungfrau und Uranus in Stier führte zu einem neuen Selbstverständnis. Im Fall der Jungfrau-Überordnung trug Neptun dazu bei, der eigenen Existenz den Schein von etwas Größerem zu verleihen, dem man sich zugleich wieder unterordnen konnte. Das Wechselspiel von Über- und Unterordnung kann eines von Omnipotenz und Minderwertigkeit sein. Dem Nationalsozialismus verhalf dieser Mechanismus zu Macht und Stärke.

Bezogen auf die Gesamtkonstellation der drei Parameter lässt sich zusammenfassen: Das Bewusstsein der Einzigartigkeit (Uranus im Stier) im nationalsozialistischen Deutschland beförderte die

Rassenideologie mit dem imaginären Ziel, eine paradiesische Realität (Neptun in Jungfrau) zu erschaffen. Um diese zu erlangen, musste die eigene Rasse (Stier) rein gehalten werden (Neptun). Das Ideal war nichts weniger als ‚der neue Mensch' (Uranus in Stier und Pluto Krebs/Identität).

Zusammenfassung

Global betrachtet befanden sich zwischen 1914 und 1939 alle Menschen und Nationen in einem Selbstfindungsprozess. Die Pluto-Polarität im Steinbock fand ihren Ausdruck in dem tiefen Verlangen, mithilfe eines Gesellschaftssystems eine neue Identität zu schaffen. Mit dem Eintritt von Uranus in den Stier, 1934/35, begann ein Prozess des Etablierens der gefundenen Werte. Das Hauptziel des Stiers ist die Arterhaltung der Spezies, in deren Zentrum die Familie, die Sippe steht. Man glaubte durch Eliminieren (Pluto) des Fremden (Uranus) eine neue Nation (Krebs) formen zu können, die den damaligen Wertvorstellungen von Heim und Herd entsprach.

Ferner standen beide Weltkriege unter dem Einfluss von Pluto in Krebs. Zum Zeitpunkt des Ersten Weltkriegs trat Pluto in den Krebs ein. Zu Beginn des Zweiten Weltkriegs verließ Pluto den Krebs und etablierte sich im Löwen.

Dem Ersten. Weltkrieg ging der Pluto-Zwilling-Prozess mit seiner Polarität im Schützen voraus. Um die Nation zu stärken, erschien eine Expansion unabdingbar. Wachstum und Ausdehnung sind Archetypen des Schützen und sollten der inneren Einigung und der Versorgung durch Rohstoffe dienen. Der Pluto-Polarität im Schützen entsprachen die imperialistischen Bestrebungen aller Großmächte jener Zeit. Die koloniale Ära war schon zu Ende, nur das deutsche Kaiserreich war wegen der Reichsgründung 1871 sehr spät dran und wollte noch ein sonniges Stück vom Kuchen abbekommen.

Die Agitatoren und Hauptverantwortlichen der 1930er-Jahre waren zumeist um die Jahrhundertwende geboren und gehörten so der Pluto-Zwillinge-Generation an. Diese Disposition prädestinierte sie später dafür, die Medien als modernes Massen-Kommunikationsmittel auszubauen, mit denen sich das Volk manipulieren (Pluto) ließ. Die Zwillinge-Technik kam den Machthabern entgegen, die Erfindung des Kurzwellenradios brachte das nationalsozialistische Gedankengut in nahezu jedes deutsche Wohnzimmer.

Im Zusammenhang mit dem Besonderen steht Uranus auch für die Ausnahme. So erklärt sich, dass eine Ausnahmeregelung den Nationalsozialisten die Entfaltung der totalitären Macht ermöglichte. Sie selbst ließen keine Ausnahmen oder Abweichungen von ihren Werten mehr zu.

Kurz vor Ausbruch des Krieges, im Juni 1939, wechselte Pluto das Zeichen und trat in den Löwen ein. Es kam eine vollkommen neue Grundstimmung auf. Pluto in Löwe beförderte nicht nur das Verlangen, sich an sich selbst zu berauschen, sondern er beförderte auch die Angst, das bis dahin Gewonnene wieder zu verlieren. Der Pluto-Löwe-Transit baute auf einen Zeitgeist auf, in dem sich das Wir-Gefühl der Deutschen in ein Gefühl der Einzigartigkeit gesteigert hatte. Seit der Reichsgründung 1871 war ein nationales Verständnis entstanden, das es zu Zeiten der Fürstentümer und Kleinstaaten nicht gegeben hatte. Auch wenn übersteigertes Nationalbewusstsein als eine globale Strömung jener Zeit zu erkennen ist, basierte die 1939 neu erlangte Großartigkeit Deutschlands auf einer grausamen Verzerrung und brachte Willkür, Versklavung in Arbeitslagern, Gewalt, Verfolgung und Vernichtung hervor.

Die Erfahrung der totalen Zerstörung war durch den Ersten Weltkrieg bereits vorhanden und potenzierte die Furcht vor einem weiteren möglichen Zusammenbruch. In der Konstellation von Pluto in Löwe ist tatsächlich beides enthalten: die Großartigkeit des Löwen, und Macht – oder eben Ohnmacht – durch Zerstörung seitens Pluto. Die Angst vor der Vernichtung kippte in den Größenwahn, den beschrittenen Weg in aller Konsequenz zu Ende zu gehen.

Im Pluto liegt auch das Thema der Ablehnung, das in Kombination mit dem Zeichen Löwe eine narzisstische Kränkung hervorrufen kann. Eine solche narzisstische Kränkung entsteht, wenn Anerkennung und Liebe verwehrt bleiben. Bei einer narzisstischen Kränkung kann sich das aus der Verletzung resultierende Minderwertigkeitsgefühl in Größenwahn verwandeln. Die Atmosphäre war schon zu Beginn der 30er gegenüber dem Hitler-Regime seitens des Auslands frostig. Sehr klar wurde die Missbilligung des NS-Regimes vor allen Dingen aufseiten des europäischen Auslands im Vorfeld der Olympischen Spiele 1936 in Berlin. Die USA und andere Nationen dachten über einen Boykott der Spiele nach. Diese Schmähungen und Ächtungen trugen dazu bei, dass es zu einer narzisstischen Kränkung des deutschen Wir-Gefühls kam. Der mangelnde internationale Beifall enttäuschte die Deutschen, denn 1936 sollte die Welt ein modernes Deutschland zu sehen bekommen.

Im Zweiten Weltkrieg steigerte Deutschland sich in den Zwang hinein, der Welt die eigene Großartigkeit zu beweisen. Dieser Krieg sollte das *Großdeutsche Reich* bis an die Grenzen Mittelasiens ausdehnen.

Bezogen auf den damals vorherrschenden Zeitgeist wurden die anstehenden Entwicklungsthemen mehrheitlich sehr unerlöst gelebt. Bestrebungen, das globale Thema zu erlösen, gab es durchaus. Nicht zu vergessen ist, dass es auch Gruppen und Individuen gab, die trotz aller Repressalien dem Mainstream entgegenwirkten. Es gab die Weiße Rose mit den Geschwistern Scholl, Widerstandskämpfer, und im Alltag Menschen, die den Verfolgten halfen. Der Neptun in der Jungfrau kann ein tiefes Mitgefühl für die konkrete Situation entfachen, mit dem Bedürfnis zu helfen. Der Pluto im Krebs kann für eine innere Haltung stehen, die Familie und Heimat schützt, in der jeder ein Teil der Gemeinschaft ist. Und auch mit Uranus im Stier hätten die Menschen über die Qualitäten verfügen können, mit neuer Technologie und Erfindungen den Wohlstand für jeden Einzelnen zu verbessern.

Jeder Entwicklungsimpuls, astrologisch durch Pluto gekennzeichnet, steht und fällt mit der dahinterstehenden Absicht. Die Grundströmung des Pluto im Krebs erzeugte die Sehnsucht nach einem Wir-Gefühl, das, auf einer reinen Absicht basierend, jedem Individuum (Uranus) einen Platz verspricht (Neptun in Jungfrau). Aus deutscher Sicht betraf das den tiefen Wunsch, als endlich geeinte Nation – wie andere große Nationen (Frankreich, Spanien, England) – die eigenen Fähigkeiten zu entwickeln.

1942 transitierte Uranus bereits die Zwillinge, sodass die spätere Kapitulation aus der sicheren Erkenntnis resultierte, diesen Krieg nicht mehr gewinnen zu können. Es waren Zahlen, Daten, Fakten, die der Euphorie ein Ende setzten. Mit Neptun in Waage zu Beginn 1943 forderten die Alliierten erstmalig die bedingungslose Kapitulation. Diese Formulierung entspricht in der Wortwahl exakt der Konstellation. Die Waage steht in erlöstem Kontext für *bedingungslos* und der Neptun fordert im Sinn des Loslassens im Extremfall die *Kapitulation.*

Pluto im Krebs

Die Essenz unseres Seins steht hinter der Biografie

Die Konstellation von Pluto in Krebs betont das Wasserelement und entspricht dem Ursprung der Emotionen in unbewussten Tiefen – wie das Magma unter einem Vulkan. In den drei Wasserzeichen stehen die Fische für die Schöpfung, Skorpion für die Seele und Krebs für unsere Identität in Raum und Zeit auf der Erde. Die Seele besteht aus Energie oder Schwingung und in ihr existieren Verlangen. Mit Krebs bezeichnet die Evolutionäre Astrologie das Bewusstsein, das in uns wohnt und seinen Ausdruck darin findet, wenn wir »Ich« sagen. Der Krebs repräsentiert das Ego, das sich über die Erfahrungen, die wir im Leben machen, immer wieder neu definiert. Die Seele ist jedoch viel mehr als das Ego, durch sie sind wir mit der Unendlichkeit verbunden. Das Ego hingegen ist sterblich und wird von der Seele erschaffen.

Wenn diese beiden Phänomene menschlichen Seins mit Pluto im Krebs oder Pluto im 4. Haus als Grunddisposition im Leben zusammentreffen, sodass das seelischen Verlangen sich mit dem des Egos verbinden, erlangen unsere emotionalen Wünsche eine sehr große Bedeutung.

Das seelische Verlangen drängt auf die Erfüllung der Ego-Bedürfnisse. Das Ego will genährt werden und gut versorgt sein. Im Kern ist es von den frühkindlichen Erlebnissen geprägt und in ihm liegen emotionale Forderungen an die Welt, die vergleichbar sind mit denen eines Säuglings. Ein wichtiger Begriff ist in diesem Zusammenhang der des ‚Inneren Kindes'. Diese Instanz steht für die frühkindliche Prägung, unsere emotionale Versorgung und auch für die Defizite, die wir in dieser Phase erfahren haben. Im Inneren Kind haben sich die prägenden Erfahrungen der ersten Lebensjahre vereinigt, wohingegen das Ego mit unseren Erfahrungen und unserem Alter wächst. Das Ego stellt die nächstgrößere Einheit dar.

Würden wir keine emotionalen Verunsicherungen durchleben, blieben wir in einer Form der Abhängigkeit, die kaum Eigeninitiative zuließe. Die Paradoxie der kardinalen Zeichen (Widder – Waage, Krebs – Steinbock) lässt uns nicht unversehrt groß werden. In ihr liegt die Crux, dass sie einerseits die Triebfeder unseres Handelns ist und wir andererseits das Erreichte nicht halten können. Die kardinale Qualität steht für einen ständigen Prozess des Werdens. In ihr liegt die Urkraft menschlichen Strebens.

Die Krebsqualität beschert uns in jedem Augenblick zwei unterschiedliche Bewusstseinszustände, denn das Identitätsgefühl bezieht sich sowohl auf das Innere Kind als auch auf die Person, die wir, unserem Alter und unserer Lebenserfahrung entsprechend, heute sind. Um eine heilsame Basis zum Inneren Kind herzustellen, braucht das Ego, in Bezug auf die eigene Geschichte, Zuneigung und Mitgefühl mit sich selbst. Ist diese Voraussetzung gegeben, kann der Respekt gegenüber dem eigenen Weg heranreifen, mit dem Ziel einer möglichst bedingungslosen Selbstannahme. Das gelingt in den Momenten, in denen sich die Tür zur inneren Einsicht öffnet und wir unser ‚wahres' Wesen wahrnehmen. Solche Momente helfen uns zu erkennen, dass unser Leben nicht durch unseren persönlichen Werdegang determiniert ist, sondern dass unsere Geschichte den eigenen Entwicklungsweg widerspiegelt. Die Essenz (Pluto) unseres Seins steht hinter der Biografie (Krebs).

Die Kriegskinder-Seele

Die Pluto-Krebs-Generation kam mit dem tiefen seelischen Wunsch in ihr Leben, ein Teil des Ganzen zu sein, in der irdischen Welt gut aufgehoben zu sein und Geborgenheit zu finden. Die Sehnsucht nach einem schützenden, wärmenden Nest, das Sicherheit und Stabilität gibt, war das Verlangen, das sie ins Leben brachte. Die Pluto-Krebs-Seele begehrt ein Zuhause als Basis ihres

Daseins. Die Rolle, die sie dort innehat, gibt ihrer Existenz Gewicht und einen Bezugsrahmen, in dem sie sich als Schwester, Tochter, Sohn etc. in ihrem Umfeld definiert.

Umso tragischer war es für diese Generation, die totale Zerstörung ihrer Heimat durch den Krieg erleben zu müssen. Mit Pluto im Krebs ist das Bestreben groß, eine emotionale Verbundenheit zu den Menschen herzustellen, mit denen man heranwächst. Wie unverbunden und abgelehnt sich die Kriegskinder gefühlt haben müssen, wird durch die Gewalt des totalitären Regimes, in das sie hineingeboren wurden, deutlich. Die Abwesenheit der Väter durch Krieg, später Kriegsgefangenschaft und im schlimmsten Fall der Verlust des Vaters durch den Tod verursachten den Zusammenbruch der Familienstrukturen.

Es entstand ein Nährboden, der die ohnehin verbreitete Schwarze Pädagogik noch verstärkte. In einem solchen Klima waren Wärme und Fürsorge verpönt, denn nur mit Härte und Pragmatismus ließ es sich überleben. Unter diesen Umständen war die emotionale Bindung der Kriegskinder zu ihren Eltern schwer belastet.

Auch die früh einsetzende kollektive Erziehung in organisierten Gruppen und die Kinderlandverschickungen riefen eine ständige Angst hervor, etwas Vertrautes jederzeit wieder verlieren zu können, und prägten fast die ganze Generation.

Pluto, der Planet von Macht und Ohnmacht, steht für das Ausgeliefertsein der Kriegskinder an einen Zustand, in dem jederzeit alles verloren gehen kann. Dieser Umstand verursacht eine ständige Angst vor Vernichtung, verstärkt auch dadurch, dass die Kriegskinder am Lebensanfang keine beständigen Bindungen aufbauen konnten. Ihre innere Realität ist gezeichnet von der Erfahrung der wiederkehrenden Zusammenbrüche und den fehlenden Konstanten. Das Verlorensein, das sie durch die Verhältnisse erlebt haben, verursachte in den Tiefen ihres Selbst eine fundamentale Verunsicherung.

Die Lebenssituation der Kriegskinder war bis hin zur geschlechtlichen Identität Reglementierungen unterworfen. Die damalige

Rollenfestschreibung erschuf ein Bild von Mann und Frau mit verbindlichem Charakter. Als Konsequenzen resultieren aus derartigen Zwängen, die so weit in die Intimsphäre eingreifen, Ängste, den Anforderungen nicht gewachsen zu sein, die Furcht vor Strafe und Ausgrenzung und das Gefühl, im Leben zu versagen.

Wie sollten die Kriegskinder eine Beziehung zu sich selbst aufbauen, wenn sie doch keine zu ihren Eltern haben konnten? In der Konsequenz folgt auf diese Schlüsselfrage eine weitere: Wie sollten die Kriegskinder unter diesen Umständen ihren Kindern eine Beziehung zu sich selbst vermitteln?

Das Ego ist als Grundbaustein unseres irdischen Lebens der Spiegel unserer Seele und erschafft unsere innere Realität. Es ist das Bewusstsein, das uns durchströmt, es ist unser Selbstbild. Der kalte und harte Umgang, dem die Kriegskinder ausgesetzt waren, führte zu einem Selbstbild voller Schuldgefühle. Ihr Zugehörigkeitsgefühl war verschwommen. Sie waren irgendwie da als kleine Erwachsene, ohne Rechte, aber mit vielen Pflichten. Die innere Verlorenheit ließ sich nur mit Festhalten an dem, was greifbar war, kompensieren. So waren Normen, Werte, gesellschaftlicher Status, Regeln, Verantwortung und nicht zuletzt auch das Funktionieren die Werte für die Kriegskinder, die eine gewisse Stabilität versprachen. Gehorsam sein und das Verlangte tun – das garantierte die größtmögliche Sicherheit.

Die Krebs-Steinbock-Achse verkörpert eine duale Welt von Richtig und Falsch, Gut und Böse. Das kindliche Bewusstsein bezieht natürlich die äußeren Umstände auf sich selbst. So kommt es, dass die Kriegskinder die emotionale Härte, die ihnen widerfuhr, als normal interpretierten. Sie gingen davon aus, dass es ihre eigene Schuld sei, dass es an ihrer Existenz und ihrem Verhalten läge, das diesen Umgang mit ihnen rechtfertigte. Sie mussten funktionieren, taub sein gegenüber Angst und Verlassenheit, sich – mit Uranus im Stier – von ihren Gefühlen abspalten, um überleben zu können. Nicht nur die drakonischen Strafen, sondern auch die permanente Erfahrung von Leben und Tod ließ die Angst davor, etwas falsch zu machen, gegenwärtig sein.

Die Generation der Kriegskinder musste etwas mit ansehen, was sie zutiefst verstörte. Das Trauma in ihrer Seele gleicht den Spuren eines Gewaltakts und dem damit verbundenen Gefühl der Wertlosigkeit. Diese Kinder haben gelernt zu überleben, indem sie sich von sich selbst distanzierten, was auch bedeutet, nicht darauf zu achten, was man fühlt und braucht.

Mit einer gewissen Radikalität betrachtet, kam es zu einem mehrfachen Verrat an der Seele der Kriegskinder, denn weder ihre Eltern noch ihre Umgebung oder die Verhältnisse, in denen sie heranwuchsen, konnten ihre Versprechen ihnen gegenüber halten. Hinzu kommt, dass die Eltern der Kriegskinder selbst Kriegsgeschädigte waren. Sie vermochten kaum eine emotionale Nähe zu ihren Kindern in dem Maße herzustellen, wie Kinder sie brauchen. Zumal sowohl die faschistische Gesellschaftsordnung als auch der Ausbruch des Krieges nicht die Bedingungen in sich bargen, ein liebevolles, familiäres Zusammensein zu ermöglichen. Und auch das Versprechen einer heilen Welt konnte nicht eingelöst werden, denn genau diese wurde im Zweiten Weltkrieg zerstört.

Die durch die Weltkriege verursachte Entwurzelung setzte sich in den Familien von Generation zu Generation fort. Die Kinder des Nationalsozialismus, mit Neptun in der Jungfrau, wurden Opfer der damaligen Realität. Sie haben erlebt, was es bedeutet, wenn die Mehrheit einer ganzen Nation die Selbstverantwortung abgibt und sich bedingungslos einer Macht hingibt.

Folgen für die Kriegskinder

Die meisten Kriegskinder verbindet bis heute die Angst vor der Wiederkehr von Krieg, Hunger und Zerstörung. Die Prägung der Kriegskinder bewirkte mehrheitlich auch ein Pflichtbewusstsein und die Überzeugung, gegenüber der Obrigkeit gehorsam sein zu müssen, damit eine Ordnung bestehen kann. Die Definition von Selbstverantwortung beruht hier auf der Erkenntnis, dass gesetzte Normen und Werte erfüllt werden müssen, um dem Leben gerecht werden zu können. Man muss tun.

Eine auf Gehorsam und Pflichterfüllung basierende Selbstverantwortung lässt uns den Erfordernissen des Alltags nachkommen, aber sie ermöglicht jedoch noch keine Selbstbestimmung. Werden die Betroffenen sich der zwei Formen der Selbstverantwortung bewusst, einerseits der Sicherheit durch der Erfüllung der gesetzten Normen und andererseits der Selbstbestimmung durch Selbstreflexion, dann ist ein sehr schmerzhafter Punkt berührt, denn sie spüren, was ihnen vorenthalten wurde.

Die tief empfundene Trauer darüber kann einen Perspektivenwechsel auslösen, sodass den Betroffenen ihre heutigen Möglichkeiten der Selbstbestimmung und die damit einhergehende Freiheit bewusst werden. Auch wenn die erlittenen Wunden und Defizite bleiben, verlieren sie so in der Gegenwart an Macht und Bedeutung. Sie dominieren dann nicht mehr in einer Weise, dass man etwas nachholen möchte, was man nicht gehabt hat.

Die Generation der Kriegskinder wurde immer wieder von ihren frühen Erfahrungen eingeholt. Um zu überleben, lernten sie die eigenen Befindlichkeiten und Gefühle zu unterdrücken, was später den Kontakt zu sich selbst erschwert hat. Dieser Aspekt hat auch dazu beigetragen, dass die Kriegskinder, als sie Eltern wurden, mit ihrer Vergangenheit so umgingen, als hätte sie sich im Rahmen der Normalität befunden. Sie passten sich aus ihren Unsicherheiten und Ängsten heraus an (Neptun in Jungfrau) und erfüllten sich ihren ursprünglichen (Seelen-) Wunsch mit der Gründung eigener Familien.

Ehe und Familie entsprachen auch den gesellschaftlichen Vorstellungen der 1950er- und 1960er-Jahre. Aufgrund der geschlechtlichen Rollendefinitionen ihrer Kindheit ordneten sich die meisten Frauen ihren Männern unter. In ihren Ehen verursachte das Trauma der Bindungslosigkeit jedoch bei vielen Kriegskindern eine emotionale Überforderung. Konfliktsituationen und Konfrontationen ließen schnell die alten Gefühle wieder emporsteigen, was hilflos und verzweifelt machte.

Sie hatten es nicht gelernt, in Beziehungen in Kontakt zu bleiben, sondern litten unter Trennungsängsten. Die frühen Ohnmachtserfahrungen nahmen ihnen die Freiheit, selbstbestimmt zu handeln, und ließen sie glauben, alles aushalten zu müssen, keine Wahl zu haben. Besonders für die Frauen bedeutete beispielsweise eine Scheidung den totalen sozialen und materiellen Abstieg. Das alte Trauma wäre wieder reaktiviert worden. Es inszenierten sich die alten Verlassenheitsdramen in den Beziehungen der Pluto-Krebs-Generation und so reproduzierte sie immer wieder die Gefühlswelt ihrer Kindheit. In der Folge war es den Pluto-Krebs-Geborenen nicht möglich, Konflikte auf einer emotional reifen Ebene auszutragen, was dazu führte, dass sie sich gegenseitig weiterhin verletzten. Ohne es zu wollen, lebten sie die Gewalt untereinander weiter aus. Ihre gegenseitigen Reaktionen aufeinander brachten sie jeweils wieder und wieder zurück in ihr Urdrama.

In vielen Fällen entstand ein trauma-bedingter Narzissmus, der sie, als seelisch Leidende, ständig im Mittelpunkt ihrer Aufmerksamkeit hielt. Die daraus resultierende Ich-Bezogenheit bestand auch darin, die äußeren Umstände weiterhin auf sich zu beziehen – mehr als die realen Fakten es rechtfertigten. Eine solche Haltung dem Leben gegenüber führt den Betroffenen zu Fragen wie »Warum ich?« oder zum Grundgefühl von »Immer ich! Was habe ich falsch gemacht?« Diese Frage stellen sich die Kriegskinder bis heute und nicht selten in Zusammenhängen, die sie gar nicht zu verantworten haben.

Um ihre Familien haben sich die Kriegskinder mit sehr viel Pflichtgefühl und Engagement gekümmert. Ihr eigener Mangel an emotionaler Wärme machte es ihnen teilweise unmöglich, ihren Familien Wärme zu geben. Ihre Kinder sollten nun für sie sorgen und ihre emotionalen Defizite auffüllen, was eine Weitergabe der Überforderung an die nächste Generation zur Folge hatte. Sie selbst hielten an ihrer emotionalen Wunde fest, war sie doch das Beständigste in ihrem Leben, das, womit sie sich identifizierten. Um nicht völlig die ursprüngliche Emotion zu verlieren, die in ihrer Schwere unerträglich schien, musste ein leidvoller Zustand erschaffen werden, um das Unfassbare fassbar zu machen, um sich selbst die Traurigkeit zu erlauben.

Eine unbewusste Strategie, um an die verschütteten Emotionen zu gelangen, ist das Initiieren von Krisen. Der Preis ist hoch, aber Krisen sind ein Ventil, um Trauer und Wut zulassen zu können, denn Trauerarbeit hat in der Generation der Kriegskinder kaum stattgefunden. Das Ehepaar Mitscherlich hat mit dem Buch DIE UNFÄHIGKEIT ZU TRAUERN 1967(!) den ersten Beitrag überhaupt zur kollektiven Trauerarbeit geleistet. Die meisten erwachsenen Kriegskinder retteten sich auf die Steinbock-Seite und investierten durch Funktionieren und Geldverdienen ihre ganze Energie in das, was existenzielle Sicherheit versprach. Ihre Verletztheit fand ihren Ausdruck in den Familien und im Privaten. Das aktivierte einen Teufelskreis, in dem die traumatische Vergangenheit am Leben erhalten werden konnte.

Eine Erlösung aus dieser Dynamik ist dann möglich, wenn der ursprüngliche Impuls der Entwicklung wieder aufgegriffen wird. In ihm liegt das Wandlungspotenzial von Pluto in Krebs und Uranus in Stier: Identität durch Individualität. Dieser Entwicklungsschritt bedeutet, den Fokus auf die persönliche Einzigartigkeit zu legen. Der individuelle Standpunkt erlaubt auch, eine Distanz zum Erlebten herzustellen, da jedes Individuum ein kollektives Ereignis auf seine Weise erfährt. Dieser Ansatz kann der Pluto-Krebs-Generation zu einer tiefen Einsicht über sich selbst verhelfen.

Konstellationen der Kinder der Kriegskinder

Pluto in Jungfrau

21.10.1956 bis 14.01.1957
20.08.1957 bis 11.04.1958
11.06.1958 bis 05.10.1971
18.04.1972 bis 30.07.1972

Im Frühsommer 1958 etablierte sich Pluto endgültig in der Jungfrau, nachdem er im Vorfeld jeweils im Herbst und Winter 1956/1957 dort für einige Monate schon einmal verweilte. Das Vor und Zurück ist ein typischer Vorgang für Pluto, da er aufgrund seiner elliptischen Umlaufbahn immer drei Anläufe braucht, um dann letztendlich Neuland zu betreten. Das Jahr 1958 ist daher exponiert, denn mit dem endgültigen Eintreten Plutos in die Jungfrau fand für die darauffolgenden 14 Jahre ein Themenwechsel auf grundsätzlicher Ebene statt.

In kollektiver Hinsicht steht Pluto in der Evolutionären Astrologie für den Impuls der Entwicklung und seine jeweilige Zeichenstellung beschreibt das Thema, welches es zu entfalten gilt. Der Fokus des Zeitgeschehens wechselte vom Löwen zur Jungfrau, womit ein energetischer Umschwung einherging. In der Zeit von Pluto in Löwe fanden nach dem Krieg der Wiederaufbau und das beginnende Wirtschaftswunder statt. Es ging darum, wieder zu Kräften zu kommen, wieder lebendig zu werden. Das Wunder dieser Zeit bestand in den enormen Anstrengungen, die die Menschen leisteten, um die verheerenden Auswirkungen des Krieges zu beseitigen.

Zuerst führte der Pluto-Löwe-Transit in den Größenwahn und die Zerstörung des Zweiten Weltkrieges, und in seinem weiteren

Verlauf verwandelten sich die destruktiven Kräfte in einen ausgeprägten Lebenswillen. Das Anliegen des Löwen – Freude und Verwirklichung – bekam die Oberhand und ließ die Menschen unermüdlich wirken, bis sie in ihre Lebendigkeit zurückgefunden hatten. Im Löwen geht es um die Entfaltung des Selbst im Hinblick auf die Einzigartigkeit eines jeden persönlichen Ausdrucks. Im Zeichen Jungfrau hingegen bezieht sich der Selbstausdruck zwar auch auf die eigene kreative Originalität, diese soll aber in ein größeres Ganzes eingebracht werden.

Jungfrau steht für eine Ordnung, in der das Einzelne seinen »richtigen« Platz finden soll. Folglich wurde mit Beginn der Pluto-Jungfrau-Ära das Wachstum der vorangegangenen Löwe-Zeit hinsichtlich ihrer Nachhaltigkeit infrage gestellt. 1958 drückte sich das zunächst in der ersten wirtschaftlichen Rezession der Nachkriegszeit aus. Es kam zu einer Kurskorrektur. In Deutschland waren davon der Stahlbau und das »Zechensterben« im Ruhrgebiet betroffen. Der kollektive Stimmungswechsel zeigte sich auch in der entstehenden Friedensbewegung und dem weltweiten Engagement für atomare Abrüstung.

Die Pluto-Polarität in den Fischen findet in dem idealistischen Grundgedanken, eine heilere und gerechtere Welt zu erschaffen, sehr deutlich ihren Ausdruck. Dieser Zusammenhang zeigte sich auch im Aufkommen und Etablieren sozialistischer Systeme. Die Kuba-Revolution wie der real existierende Sozialismus in Ostdeutschland zeigten die Bemühung, eine Gesellschaftsordnung zu schaffen, die den Menschen Gleichheit und Gerechtigkeit garantiert. Der Pluto in der Jungfrau erklärt, warum man dieses Ideal mithilfe eines Ordnungssystems, in dem der Einzelne dem Gemeinwohl untersteht, verwirklichen wollte.

Uranus und Pluto in den 1960er-Jahren

Im Sommer 1962 vollzog auch Uranus den Zeichenwechsel von Löwe zu Jungfrau. Das bedeutet, dass sich in den darauffolgenden

Jahren Uranus und Pluto in einer Konjunktion in der Jungfrau zusammenfanden. Zwischen 1965 und 1966 war diese Konjunktion – beide Planeten stehen an einem Punkt– mehrfach gradgenau:

09.10.1965 Uranus Konjunktion Pluto auf 17°10 Jungfrau
04.04.1966 Uranus Konjunktion Pluto auf 16°28 Jungfrau
30.06.1966 Uranus Konjunktion Pluto auf 16°06 Jungfrau

Uranus mit seiner Umlaufzeit von 84 Jahren ist gegenüber Pluto, dessen Umlaufzeit 250 Jahre beträgt, der deutlich schnellere Planet. So kommt es, dass Uranus in regelmäßigen Rhythmen und Zyklen zu Pluto zurückkehrt und sich dann erneut auf die Reise begibt. Aufgrund der langen Umlaufzeiten beider Planeten findet das Ereignis des Zusammentreffens nur alle 112 bis 144 Jahre statt und hat daher einen epochalen, überpersönlichen Charakter.

Der Uranus-Pluto-Zyklus beginnt jeweils mit der Konjunktion der beiden Planeten. Zum Auftakt eines neuen Zyklus stehen große Veränderungen und neue Entwicklungen bevor. Hierbei rebelliert Uranus gegenüber den existierenden Zwängen von Pluto mit dem Ziel, mehr Freiheit und Individualität zu schaffen. Im Uranus liegt ein sehr innovatives Potenzial, das sich durch Erfindungen jeder Art verwirklicht. In der Verbindung mit Pluto sind natürlich auch die bestehenden Machtstrukturen betroffen.

Die dem Uranus eigene Plötzlichkeit sorgt in der Konjunktion mit Pluto für unerwartete Ereignisse, die das Unmögliche auf einmal möglich machen. Gefärbt ist die neue Idee zum Zyklusbeginn vom Zeichen, in dem die Uranus-Pluto-Konjunktion stattfindet. Die jeweils aufgeworfenen Themen werden von einem zum nächsten Zyklus aufgenommen und weiterentwickelt. Das wiederholte Zusammentreffen von Uranus und Pluto in der Jungfrau von 1965 bis 1966 knüpfte an die Impulse der Jahre 1850 und folgende an. Damals trafen sich die beiden Planeten im Tierkreiszeichen Widder.

In der Betrachtung der letzten beiden Konjunktionen zeigt sich, wie die jeweiligen Themen vom Beginn eines Zyklus zum Beginn des nächsten Zyklusaufgenommen und gewandelt werden. Zur Zeit von Uranus und Pluto im Widder (1850) begann eine Epoche der Beschleunigung und Verdichtung von Kommunikation und Verkehr. Die damaligen Erfindungen hingen mit dem Antrieb, der Urkraft des Widders, zusammen. Es wurden neue Techniken der Fortbewegung und Maschinen entwickelt, die die beginnende Industrialisierung vorantrieben. Ein Beispiel hierfür war der Ausbau des Schienennetzes der Eisenbahn für den Personen- und Güterverkehr.

In den 1960er-Jahren ermöglichten Erfindungen in der Computertechnologie eine zunehmende industrielle Massenproduktion von Technik und Maschinen, die den Alltag erleichterten. Sehr signifikant war der explosionsartige Zuwachs an Autos. Sie erweiterten den individuellen Radius und somit auch die persönliche Freiheit enorm.

Die sozialen Veränderungen zur Uranus-Pluto-Konjunktion im Widder um 1850 waren bahnbrechend, denn sie führten zur Aufhebung der Leibeigenschaft. Den Bauern wurde ihr Land zugesprochen. Von der neu gewonnenen Freiheit profitierten auch diejenigen, die bis dahin kaum Chancen auf ein selbstbestimmtes Leben gehabt hatten, wie die damaligen Bediensteten. Sie konnten aufgrund des Fortschritts in der Verkehrstechnik auswandern und heiraten, was ihnen bis dahin verwehrt gewesen war.

In den 1960er-Jahren, zum neuen Zyklusbeginn von Uranus und Pluto, ereignete sich wieder ein großer sozialer Umwälzungsprozess. Die 1968er-Revolution stemmte sich gegen das etablierte Obrigkeitsdenken. Es wurde für eine bis dahin ungekannte soziale Gerechtigkeit und Gleichberechtigung demonstriert. Im Zentrum stand auch die Chancengleichheit in Bezug auf den Zugang zur Bildung für die breite Bevölkerung. Es kam zu einer Art innerer Auswanderung oder Expansion, die die Grenzen der sozialen Herkunft sprengte.

Parallel zur Aufhebung der Leibeigenschaft in Europa wurde im Amerika des 19. Jahrhunderts die Sklaverei abgeschafft. Die Konjunktion von Uranus und Pluto in den 1960er-Jahren knüpfte am Rassenthema an, mit der Folge, dass in den USA die Apartheid endlich beendet wurde.

In der Kunst entstand um 1850 und danach der Impressionismus, der sich vom bis dahin üblichen Realismus in der Malerei löste. In den 1960er-Jahren waren es Josef Beuys und die Popart, die das bis dahin bestehende Kunstverständnis revolutionierten.

Ging es in den Jahren ab 1850 im Wesentlichen um mehr Freiheit und Selbstbestimmung gemäß dem Widder-Archetypen, so hatte die Uranus-Pluto-Konjunktion in der Jungfrau noch eine ganz andere Dimension. Bedingt durch den Jungfrau-Archetypen sind Entwicklungen in diesem Zeichen in keinem Moment nur auf das Fortkommen und den Vorteil des Einzelnen oder einer Gesellschaft beschränkt. Im Zeichen Jungfrau zählt, unter Einbeziehung der Fische-Opposition, immer auch das große Ganze und somit das Wohl aller Beteiligten. Die Konjunktion von Uranus und Pluto in der Jungfrau ist vor diesem Hintergrund zwar als Impuls zur Individuation (Uranus), aber nicht ohne die Einordnung in die gesamtgesellschaftlichen Verhältnisse zu verstehen. Hier wurde vielmehr der Bewusstseinssprung zu einer Sichtweise eingeleitet, nach der jedes Individuum eine Wertschätzung und einen Platz im großen Ganzen verdient hat. Die Menschheit an sich ist durch diesen Impuls bis heute – denn wir befinden uns noch in diesem Zyklus – dazu aufgefordert, ihre Beziehung zur Schöpfung und ihren Platz im Hinblick auf das universelle Weltgeschehen, das Gesamte, neu zu definieren.

Neptun in Skorpion von 1955/1957–1970

Wie zu Beginn bereits erwähnt, sind die drei überpersönlichen Planeten Pluto, Neptun und Uranus die astrologischen Parameter, die auf kollektiver Ebene den Zeitgeist prägen. In den 1960er-Jahren transitierte Neptun den Skorpion. Da Pluto als Herrscher des Skorpions unmittelbar mit diesem Zeichen verbunden ist und sich in Konjunktion mit Uranus befand, waren vor allen Dingen Mitte der 1960er-Jahre alle drei Parameter energetisch miteinander verbunden. Alle drei Planeten wirkten zusammen, keine Planetenenergie konnte sich ohne das »Zutun« der anderen entfalten. Ein Bereich, indem das sehr offensichtlich in Erscheinung trat, war die Musik. Die Musik wird dem Neptun zugeordnet, und durch den Verbund mit Uranus und Pluto wurde sie in den 1960er-Jahren zum Ausdrucksmittel der beginnenden neuen Epoche. Die Musik hatte in den 1960er-Jahren eine Seele und drückte die Sehnsucht nach Frieden, Liebe und Aufbruch in ein neues Zeitalter aus.

Auch die sexuelle Revolution der 1960er-Jahre wäre ohne das Zutun von Neptun nicht denkbar. Im Skorpion verkörpert er die Sehnsucht nach Hingabe, nach Heilung durch Liebe. Eine weitere Entsprechung von Neptun in Skorpion waren die Drogen. Die Jugend experimentierte mit diversen bewusstseinserweiternden Substanzen, um eine Erfahrung außerhalb der Raum-Zeit-Dimension zu machen. Mit Neptun in Skorpion ist der Wunsch, das Gesetz von Ursache und Wirkung (Skorpion) außer Kraft zu setzen, sehr groß. In der aufkommenden Hippie-Bewegung waren die Drogen ein Bestandteil ihrer Lebensphilosophie und des Alltags. Die Hippies schlossen sich in Gemeinschaften (Uranus) zusammen, folgten ihren eigenen Werten und Regeln. Sie entzogen (Neptun) sich dem gesellschaftlichen Leben, versuchten über alternative Formen der Selbstversorgung unabhängig und frei zu sein.

Der Neptun im Skorpion ergänzte die Uranus-Pluto-Konjunktion in der Jungfrau durch eine Kraft aus der Tiefe, die das Seelenanliegen widerspiegelt, sich mit dem Ursprung, der Quelle, wieder verbinden zu wollen.

Kernthema der Jungfrau

Kernthema der Jungfrau ist der Dienst am Ganzen. Diesen vollzieht sie, indem sie die bestehende Realität hinterfragt, um herauszufinden, wie sie durch ihr Tun ihren Teil zum Besten aller Beteiligten beitragen kann. Die Jungfrau bereitet den Entwicklungsschritt von der Identität zur Individualität vor, denn sie steht im archetypischen Tierkreis zwischen den beiden Entwicklungszyklen von subjektiver und objektiver Entwicklung. Der subjektive, identitätsstiftende Entwicklungszyklus findet von Widder bis einschließlich Löwe statt.

Hier geht es einzig und allein um das Individuum und das Erlernen der Fähigkeiten, die es zum Leben braucht. Mit ihrem Erwerb haben wir alles, um selbstbestimmt handeln zu können. Wir wurden geboren (Widder), verfügen über Ressourcen und haben überlebt (Stier). Wir haben unsere intellektuellen Fähigkeiten entwickelt, können sprechen und denken (Zwillinge). Wir wissen um unsere Identität und haben eine Heimat (Krebs). Im Tierkreiszeichen Löwe schließt sich der subjektive Entwicklungszyklus ab. Der Löwe leistet die Integration der einzelnen Schritte, die ihm vorangegangen sind, und verkörpert den höchsten Punkt der subjektiven Entwicklung, er steht für die Persönlichkeit.

Mit dem Beginn der objektiven Entwicklung von Waage bis Wassermann durchlaufen wir ebenfalls aufeinander aufbauende Stadien. Im Zeichen der Waage setzen wir uns in Beziehung zu dem, was uns umgibt. Wir streben nach einem harmonischen Zustand mit uns selbst und der Welt. Im Zeichen Skorpion gehen wir Verbindlichkeiten ein. Die Auseinandersetzung mit der Wahrheit, dem Naturgesetz und der Philosophie dient der Bewusstseinserweiterung und ist Daseinszweck des Schützen. Der Steinbock konfrontiert uns mit Normen, Werten und dem Thema der Verantwortung. Im Zeichen Wassermann geht es um den individuellen Aspekt des Lebens und hier schließt sich der objektive Entwicklungszyklus ab. Das Thema der Individualisierung ist der Höhepunkt der objektiven Entwicklung.

Die besondere Position der Jungfrau im Tierkreis weist ihr die Aufgabe zu, sich dem Übergang zwischen den Zyklen zu widmen. Um das leisten zu können, begibt sich die Jungfrau in eine introvertierte Analyse der Fakten, die die Realität zum jeweiligen Zeitpunkt definieren. Die aus der Prüfung resultierenden Erkenntnisse helfen der Jungfrau, die notwendigen Voraussetzungen zu schaffen, die es zur Vorbereitung des neuen Zyklus braucht. Da die subjektive Verwirklichung mit der Anerkennung und dem Applaus, den der Löwe erhält, abgeschlossen ist, bleibt diese Form der Bestätigung der Jungfrau verwehrt. Auch das Beziehungsthema der Waage – mit dem Bestreben, geliebt zu werden – liegt noch in der Ferne, daher fühlt sich die Jungfrau zyklisch sehr einsam. Ihr Thema ist die Reinigung und Klärung des Löwen, um die Grundlage einer gleichberechtigten Begegnung in der Waage zu schaffen. Das ist eine existenzielle Aufgabe für die Jungfrau, die mit großen Krisen einhergeht, denn sie muss das Vertraute auf seine Stimmigkeit in sich und mit der Welt prüfen.

Jungfrau – Fische

Begegnet die Jungfrau ihrer Einsamkeit, kann sie nur Halt in der Fische-Polarität finden. Die Voraussetzungen hierfür sind nicht unerheblich, denn die Fische fordern als Grundlage das Vertrauen und letztendlich ein Wissen darum, dass es die universelle Einheit gibt. Die Gesamtheit dieser Einheit ist jedoch nie vollständig erfassbar. In ihr versammelt sich die unendliche Vielfalt der Schöpfung. Fühlt sich die Jungfrau der Schöpfung verpflichtet, ist ihr Bezugsrahmen der größtmögliche, den wir kennen.

Hinzu kommt der wesentliche Faktor, dass unser Bild des Glaubens von einer monotheistischen Kultur geprägt ist. Der Glaube an einen patriarchalen Gottvater im Himmel, perfekt und über allem stehend, suggeriert ein fiktives Ideal von Perfektion, das der Mensch niemals erfüllen kann. Dieses Ideal lässt uns vergleichsweise klein und unvollkommen erscheinen.

So wird in der Jungfrau ein archetypisches Mangelbewusstsein erzeugt, denn es ist unmöglich, vor diesem Grad der Vollkommenheit als Mensch zu bestehen. Im Ergebnis sieht sich die Jungfrau mit dem Dilemma konfrontiert, dass das, was ihr Halt gibt, nicht nur unfassbar ist, sondern auch durch das heutige Gottesbild unerreichbar zu sein scheint. Dies ändert jedoch nichts an der Tatsache, dass die Jungfrau ohne die Anerkennung der Existenz von etwas viel Größerem nicht auskommt. Ihr Dienst am Ganzen verlangt in jedem Moment nach einem Bezug zu einer höheren Ordnung. Da die Messlatte der Fische sehr hoch liegt, wird die Jungfrau zu Selbstreflexion und innerer Analyse gezwungen, was für sich allein betrachtet schon als ein Akt der Demut bezeichnet werden kann. Hierbei versucht sie herauszufinden, in welchem Zusammenhang sie selbst gegenüber der Einheit des großen Ganzen steht. Sobald die Jungfrau sich mit der Vielfalt von allem anderen verbunden fühlt, kann sie sich ihrer Verantwortung gegenüber der Schöpfung stellen, ohne daran leiden zu müssen.

Die Hürden im Alltag

Da die überbordende Vielfalt der Fische es im Alltag nicht immer ermöglicht, die Ruhe und die Kraft aus dem Wissen über den Gesamtzusammenhang zu schöpfen, verliert sich die Jungfrau wiederholt im Detail. In der Bemühung, die Vielzahl der einzelnen Kleinigkeiten zu ordnen, verliert sie die Orientierung und es fällt schwer, Wichtiges von Unwichtigem zu unterscheiden. Befindet sich die Jungfrau in diesem Zustand, kommt häufig eine innere Rastlosigkeit auf, die dazu führt, dass sie pedantisch wird oder permanent etwas tun muss. Auf diese Weise baut die Jungfrau ihre Rastlosigkeit und innere Spannung ab, die die unbewältigte Flut von zahllosen Faktoren, die sich ihr aufdrängen, aber nicht ordnen lassen, mitbringt. Das Workaholic-Dasein ist ein Beispiel dafür. In dem Fall muss die Jungfrau sich bis zur Erschöpfung verausgaben, da sonst die Sinnfrage in Bezug auf das eigene Tun wieder auftaucht.

Wiederkehrend schwierig sind auch Vermeidungsstrategien, die sich ab einem gewissen Grad der Überforderung einstellen. Hier vergleicht sich die Jungfrau mit der fiktiven Perfektion, die sie ihrem Ziel, der Schöpfung, beimisst. Der daraus resultierende Vollkommenheitsanspruch hindert die Jungfrau am Tun, denn er liefert Gründe dafür, warum sie das, was es zu tun gilt, noch nicht tun kann. Praktisch äußert sich diese Dynamik in Selbstzweifeln, dem Gefühl, noch nicht gut genug zu sein, sich vorbereiten zu müssen oder noch eine Ausbildung zu benötigen. Diese Art von Vermeidung kann zu einer Negativspirale werden, weil sich der Berg der zu erledigenden Dinge immer höher auftürmt. Am Ende weiß die Jungfrau überhaupt nicht mehr, wo anfangen, um dem Ganzen zu begegnen. Hinzu kommt, dass die subjektive Entwicklung im Zeichen Jungfrau bereits abgeschlossen ist. Darin liegt grundsätzlich eine Aufforderung, das eigene Handeln zu reflektieren. Jeder Aspekt im Leben will auf seinen höheren Sinn geprüft werden, um der eigenen Existenz und dem eigenen Tun einen Bezugsrahmen geben zu können.

Krebs und Jungfrau

Im Tierkreiszeichen Krebs liegt ein wichtiger Schlüssel für die Jungfrau, der ihr als Basis dienen kann. Der Krebs und die Jungfrau stehen im archetypischen Tierkreis in einem Sextil (Winkel von 60°) zueinander. Das heißt, beide Zeichen ergänzen sich gegenseitig, befinden sich jedoch in einer Beziehung, die durch eine gewisse Trägheit gekennzeichnet ist. Ursächlich dafür ist der Sextil-Aspekt, dessen Spannung nicht besonders groß ist, sodass das Zusammenwirken der beiden Zeichen erst bewusst erkannt werden will.

Erschließt sich der Jungfrau die Bedeutung des Krebs-Zeichens, wird ihr klar, wie sehr sie die Krebs-Qualitäten als Fundament für ihre Verwirklichung braucht. Da der Jungfrau naturgemäß ein ständiges Hinauswachsen über sich selbst abverlangt wird, braucht sie ein stabiles Selbst, das, eine gesunde Entwicklung vorausgesetzt, im Krebs zu Hause ist. Ein gesundes Ego gibt einen inneren Halt, eine Art innere Heimat, sodass sich ein Bezug zum Leben und der Welt herstellen lässt. Mithilfe des Ego können wir unterscheiden lernen, was zum eigenen Weg gehört und was nicht. Das Unterscheiden bezieht sich auf die Anpassungsfähigkeit der Jungfrau und wirft die Frage auf, an welcher Stelle es sinnvoll ist, eine Anpassungsleistung zu erbringen, und ab welchem Punkt die Anpassung einer Verleugnung der eignen Identität gleichkäme.

Der emotionale Charakter des Zeichens Krebs erklärt auch, warum intellektuelle Konzepte der Jungfrau nicht helfen, wenn sie mit ihrem Grundproblem, die Fische-Vielfalt nicht ordnen zu können, konfrontiert ist. Schaut die Jungfrau zu den Fischen, ist sie einem offenen, sehr diffusen Zustand ausgeliefert, der sich nur mit innerer Stärke stabilisieren lässt. Verfügt die Jungfrau über das Fundament von Sicherheit durch Identität und eigene Wurzeln, ist sie für ihre Sisyphusaufgabe gut ausgestattet.

Die Pluto-Jungfrau-Generation

Die Verdrehung der Eltern-Kind-Beziehung

Pluto, der Archetyp der Seele, steht in der Evolutionären Astrologie für die Kräfte und Verlangen, die uns ins Leben gebracht haben. Im Zusammenhang mit Pluto geht es um die Essenz der jeweiligen Situation. Die Polarität von Pluto bezeichnet den beabsichtigten Entwicklungsschritt. Für die Pluto-Jungfrau-Generation liegt die Polarität Plutos in den Fischen. Aus diesem Grund sind die Pluto-Jungfrau-Geborenen auf seelischer Ebene mit dem Verlangen in dieses Leben gekommen, durch den Dienst am Ganzen (Jungfrau) das Vertrauen und die Liebe der Fische wiederzufinden.

Dort, wo Pluto steht, befinden sich jedoch nicht nur Absicht und Verlangen der Seele, sondern auch im hohen Maße Widerstände gegenüber diesem Verlangen. Entsprechend der Eingangsthese dieses Buches manifestieren sich die Widerstände Plutos zunächst in der Form, dass wir das, was wir uns zutiefst ersehnt haben, nicht in ausreichendem Maße vorfinden. Dieser Umstand ist darin begründet, dass das Fehlen essenzieller Notwendigkeiten uns vom ersten Atemzug an auf unser Seelenanliegen fokussiert. In dieser Hinsicht liegt in der Verdrehung der Eltern-Kind-Bindung das größte Entwicklungsdrama für die Pluto-Jungfrau-Geborenen.

Rollentausch

Da die Eltern der Pluto-Jungfrau-Geborenen als Kriegskinder heranwuchsen, konnten sie aufgrund ihres eigenen Mangels an innerer Geborgenheit ihren Kindern nicht genug Einfühlungsvermögen entgegenbringen. Auch wenn die Kriegskinder-Eltern sich über ihren Urschmerz der Bindungslosigkeit nicht bewusst waren, so führte dieser zu einer emotionalen Distanz. So kam es, dass eine weitere Generation von ihren Eltern keine bedingungslose Liebe bekommen konnte. Den Kriegskinder-Eltern fehlte die dafür notwendige Substanz. Sie verspürten nicht genügend Halt und Stärke in sich selbst, um sich ihren Kindern in dieser Weise zuwenden zu können. Die Eltern selbst sehnten sich nach Wärme und Geborgenheit in ihren Familien und versprachen sich Hoffnung und Trost durch ihre Kinder.

Das führte zu einer paradoxen Situation, in der sich die Rollen verkehrten. Die Kinder sahen sich einer Verantwortung gegenüber, die sie nicht tragen konnten – und die Eltern suchten emotionalen Halt in ihren Kindern, den sie sich nur selbst hätten geben können. Beide Seiten waren überfordert und mussten sich zwangsläufig gegenseitig enttäuschen, was zu einem Mangel an Stimmigkeit führte, der alle Beteiligten belastete. Die Enttäuschung der Eltern darüber, dass sie ‚es' sich anders vorgestellt hatten, verletzte ihre Kinder auf einer unbewussten Ebene zutiefst. Für sie ließ dieser Umstand keinen anderen Schluss zu, als dass irgendetwas an ihnen nicht richtig sein konnte, zumal die Eltern unbewusst ihren Kindern die Schuld an ihrem Unbehagen gaben.

Die Kinder hielten das verdrehte Beziehungsgefüge für die Normalität, da ihnen kein anderes bekannt war. Sie nahmen die Schuldzuweisung aufgrund der gegebenen Abhängigkeit von ihren Eltern an. Faktisch machte die Verdrehung der Eltern-Kind-Rollen eine bedingungslose Annahme auf beiden Seiten unmöglich. Der Schmerz, der für die Pluto-Jungfrau aufkommt, wenn die Verdrehung bewusst wird, ist der Urschmerz dieser Generation, denn die Verdrehung des Beziehungsgeflechts zu ihren Eltern bedeutet für sie, eine Heimatlosigkeit in sich zu tragen.

Erkennen die Pluto-Jungfrau-Geborenen die Paradoxie ihrer anfänglichen Voraussetzungen, erschließt sich ihnen das Entwicklungspotenzial, das darin besteht, die Heimat in sich selbst zu finden. Um diesen Schritt zu vollziehen, ist es notwendig, die verinnerlichten Schuldzuweisungen zu enttarnen.

Fehlende Wurzeln und Bindung

Aus den genannten Gründen ergibt sich für die Pluto-Jungfrau-Geborenen, seitdem sie erwachsen sind, die Herausforderung, ihre innere Stabilität selbst finden zu müssen. Dieser Schritt setzt jedoch eine gesunde Distanz zu den Eltern voraus. Ist das Verhältnis zu ihren Eltern beiderseitig von Trennungsängsten dominiert, ist das Erreichen einer gesunden Unabhängigkeit für die Pluto-Jungfrau-Geborenen erheblich erschwert. Sich aus einer emotionalen Abhängigkeit zu lösen, bedeutet Ängste zu überwinden wie die tiefsitzende Angst vor Ablehnung.

Sehr wichtig für die Betroffenen ist es, genau zu differenzieren, ob das Streben nach Freiheit und Selbstbestimmung eine kräftezehrende Abwehr und Rebellion ist oder tatsächlich in eine souveräne Eigenständigkeit führt. Auch hier wird deutlich, wie sehr die für unsere Entwicklung verantwortlichen Kräfte uns mit unserem Seelenthema verbinden. Für die Pluto-Jungfrau-Generation wird die Aufgabe, ihre Heimat in dem großen Ganzen der Fische finden zu müssen, offensichtlich. Dieser Weg verlangt jedoch sehr viel an emotionaler Größe und Hingabe an das eigene Schicksal ab, da das Fehlen von irdischen Wurzeln Zustände der Einsamkeit und inneren Verlorenheit mit sich bringt.

Das Thema Heimat und Wurzeln als identitätsstiftende Kraft im Leben basiert für die Pluto-Jungfrau-Geborenen sowohl familiär als auch gesellschaftlich auf einer Geschichte, die bereits bei den Großeltern begann. Schon die Umstände des Ersten Weltkriegs verursachten das Weitergeben der durch Krieg und Zerstörung entstandenen emotionalen Traumata. Der Schatten der nationalsozialistischen Jahre, deren emotionale Aufarbeitung bis heute nicht abgeschlossen ist, stellt für die Rückbindung des Einzelnen an die Tradition des Heimatlandes ein zusätzliches Hindernis dar. Diese Form der kollektiven Entwurzelung wirkt auf die Anliegen des Jungfrau-Archetyps sehr verunsichernd, denn jede Bemühung, eine Ordnung herzustellen, braucht einen Bezugspunkt. Ist diese Basis als

Verankerung nicht gegeben, können weder die Familie, die Kultur noch die Natur einen Halt bieten.

Ein weiterer Aspekt war die Sprachlosigkeit der Eltern, die ihre Erinnerungen an das Erlebte zur nationalsozialistischen Zeit nicht zum Ausdruck bringen konnten. Aus der Unsicherheit heraus und als Schutz für sich selbst tabuisierten die Eltern die Vergangenheit. Die Pluto-Jungfrau-Kinder tappten im Diffusen umher. Sie spürten die emotionalen Wunden ihrer Eltern und hielten auch hier diese Realität für die Normalität.

Das trauma-bedingte Schweigen der Eltern über ihre Gefühle verhinderte eine kommunikative Auseinandersetzung ihrer Kinder mit den familiären Wurzeln. Sie waren auf sich selbst zurückgeworfen, was sie im positiven Sinn forderte, ihr analytisches Potenzial dafür zu nutzen, ihre Situation erkennen und verstehen zu können.

Pluto, der Archetyp der Seele

Jede Entwicklung ist von den zwei Verlangensstrukturen der Seele begleitet. Das eine Verlangen spiegelt sich in dem leidenschaftlichen Begehren, leben zu wollen. Dieses Verlangen setzt eine Trennung im Sinn einer Geburt voraus. Auf der spirituellen Ebene ist es die Trennung vom Ursprung, dem, was uns erschaffen hat.

Das andere Verlangen ist entgegengesetzt. Es äußert sich in einer tiefen Sehnsucht nach der Rückkehr zum Ursprung. Spirituell betrachtet liegt hier der Wunsch, zur Quelle zurückzufinden. Auf einer weniger geistigen Ebene repräsentiert dieses Verlangen das Streben nach einer maximal zu erreichenden Sicherheit, die nur im Gewohnten und Bekannten zu finden ist. In dieser Hinsicht steht Pluto prinzipiell für den tiefsten Punkt der Sicherheit. In ihm liegt der Zwang, am Vertrauten und Bekannten festhalten zu müssen.

Diese Gesetzmäßigkeit birgt für Pluto-Jungfrau-Geborene ein nicht unbedeutendes Drama, denn sie kann dazu führen, am kritischen Zustand der Heimatlosigkeit festzuhalten, weil dieser Zustand eine ihrer vertrautesten Erfahrungen ist. Krisen- und

Mangelzustände werden so zu einem Teil der eigenen Identität. Gerade in verunsichernden Momenten ist die Gefahr groß, sich in diesen alten Lebensumständen wieder einzurichten, zu denen auch Phasen der Einsamkeit und Verlorenheit gehören. Auch in Partnerwahl und Beziehungen der Pluto-Jungfrau-Generation spiegelt sich diese Gesetzmäßigkeit wider.

Emotionale Traumatisierung

In ihrer Ausrichtung auf die Fische besteht in der Pluto-Jungfrau-Generation die unendlich tiefe Sehnsucht, sich in einer Beziehung fallen lassen zu können, dort angenommen zu sein. Zugleich ist dieser Wunsch jedoch von ihrer spezifischen Urangst vor Ablehnung begleitet.

Das Zulassen intimer Nähe bedeutet für jeden Menschen auf emotionaler Ebene, energetisch mit der symbiotischen Phase des Lebensanfangs verbunden zu sein. Infolgedessen löst Intimität für die Pluto-Jungfrau-Geborenen eine Hilflosigkeit aus, denn sie konfrontiert sie mit ihrer frühkindlichen Prägung. Unter diesen Voraussetzungen ist es naheliegend, dass sich in den Pluto-Jungfrau-Geborenen ein Widerstand aktivierte, der in ihren Beziehungen die größte Angst gegenüber ihrem Verlangen nach Wärme und Nähe auslöste. Das Risiko, im Fall von Verrat oder Ablehnung in ein Gefühl tiefster Wertlosigkeit zu fallen, ist für die Pluto-Jungfrau-Geborenen das Damoklesschwert über ihrem Beziehungsleben. Aus Gründen dieser inneren Zerrissenheit involvierten sich die Pluto-Jungfrauen wiederkehrend in Partnerschaften, deren emotionaler Basis das Vertrauen fehlte. Auf diese Weise bestätigten sie sich unbewusst das alte Muster.

Um ihre Beziehungen aufrechtzuerhalten und so ein Zuhause zu haben, verleugneten viele Pluto-Jungfrau-Geborene entsprechend ihrer Fische-Sehnsucht die emotionale Realität ihrer Lebensumstände. Das impliziert im Konkreten, dass sie unbewusst genau die Partner wählten, die ihnen ihren sehnlichsten Wunsch nicht erfüllen konnten. Wann immer das geschah, kamen sie mit ihren Urängsten und ihrem Urtrauma in Berührung. Das jeweilige Scheitern einer Beziehung reaktivierte ihren Urschmerz mit der entsprechenden retraumatisierenden Wirkung, die einen Grad der Verzweiflung auslöst, der kaum erträglich ist.

Der Urschmerz erscheint für den Moment als unüberwindbar, denn er bringt uns mit dem in Kontakt, was wir nicht bekommen konnten. Er kann eine Angst vor der Angst erzeugen, weil niemand freiwillig sich dieser Hilflosigkeit und existenziellen Not aussetzen möchte. Den Pluto-Jungfrauen bleiben hier nur zwei Möglichkeiten. Entweder sie wagen die Begegnung mit ihrem Urschmerz, deren positives Potenzial darin liegt, diese Begegnung zu meistern. Das würde bedeuten, den Schmerz anerkennen zu lernen anstatt in Beziehungen Trost für ihn zu suchen. Oder die Angst vor diesem Abgrund ist so übergroß, dass unbewusst eine Retraumatisierung als das kleinere Übel empfunden wird. In diesem Fall sind die Folgen bekannt und erwartet.

Die Krisen, die durch das Beziehungserleben entstanden, brachten die Pluto-Jungfrauen zurück ins Vertraute. Sie bewiesen ihnen ihren Zweifel an sich selbst und gleichzeitig dienten sie als Selbstschutz gegenüber dem wirklichen Einlassen.

Erst wenn sich den Pluto-Jungfrau-Geborenen dieser Zusammenhang erschließt, dass ihre Vermeidungsstrategien die Krisen hervorrufen und diese sie jedes Mal zu ihrer prägenden Grunderfahrung führen, lässt sich für sie das Muster wandeln.

Schuld versus Schuldgefühle

Dem großen Ganzen verpflichtet zu sein, bedeutet auch, sich selbst am größtmöglichen Bezugsrahmen messen zu müssen. Dieser Anspruch führt zwangsläufig zu Schuld und Schuldgefühlen, wenn die Messlatte so unerreichbar hoch hängt.

Zwischen Schuld und Schuldgefühlen besteht qualitativ ein wesentlicher Unterschied. Das Thema Schuld rührt von innen her und kann als Verantwortung gegenüber der eigenen Existenz betrachtet werden. Hier liegt die Lebensaufgabe eines jeden Menschen, die Stier-Herausforderung zu bewältigen und sich selbst zu versorgen.

Bei Schuldgefühlen handelt es sich hingegen um verinnerlichte Kritik, die von außen vermittelt wurde und zu dem Schluss verleitete, sich minderwertig zu fühlen. Wie erwähnt, gaben die Kriegskindereltern ihren Pluto-Jungfrau-Kindern unbewusst die Schuld an ihrer schwierigen Lage. Auch wenn das nicht aus Böswilligkeit geschah, sondern sich in der Überforderung der Kriegskindereltern begründete, hatte diese Schuldzuweisung fatale Auswirkungen auf das selbstverantwortliche Handeln ihrer Kinder. Um diese Dynamik aufzubrechen, ist es für die Pluto-Jungfrau-Geborenen wichtig, sich auf ein realistisches Ziel zu beziehen und mit Pragmatismus zu agieren. Dem Jungfrau-Archetyp entsprechend sind es die kleinen Schritte, die in den Fluss des Lebens führen. Der Weg ist das Ziel.

Ferner können verinnerlichte Schuldgefühle eine masochistische Grundhaltung verursachen. Es entsteht der Glaube, Strafe und Mangel zu verdienen. Die zur Verantwortung gezogenen Instanzen erfahren aus diesem Blickwinkel eine Erhöhung. Letztendlich wird auf diese Weise anderen das Recht zugestanden, über uns zu richten. Auf der persönlichen Ebene kann das entlastend wirken, weil die Betroffenen so nicht selbst die Verantwortung tragen müssen. Die Schuld an der eigenen Situation liegt in den äußeren Bedingungen, was jedoch ein Opferbewusstsein erzeugt und somit Täter anzieht.

Schuld und Selbstverantwortung bedingen sich gegenseitig. Da für viele Pluto-Jungfrau-Geborene die Annahme der eingeredeten Schuld eine große Angst vor Verantwortung und Fehlern mit sich bringt, wird ein Versagen unter diesen Voraussetzungen als vernichtend empfunden. Im Gegensatz dazu würde eine gesunde Beziehung zur Selbstverantwortung bedeuten, die Fähigkeit zu besitzen, sich selbst kritisieren und Fehler eingestehen zu können. Im Fall des Festhaltens am Alten erzeugt das Zusammenwirken der unterschiedlichen Schulddynamiken der Pluto-Jungfrau selbstsabotierende Vermeidungsstrategien.

Vermeidungsstrategien

Vermeidungsstrategien sind für die Pluto-Jungfrau ein weites Feld, denn sie sind archetypisch auf der Jungfrau-Fische-Achse zu Hause. So wie die Idealisierung der Fische zu Vermeidung führt, so bremst der Perfektionismus auf der Jungfrau-Seite, wenn durch ihn die Ziele unerreichbar werden. In beiden Fällen liegt die letztendliche Ursache im fehlenden Urvertrauen, das im Zusammenhang mit Vermeidung zur Folge hat, das eigentlich Stimmige nicht tun zu können.

Eine schmerzliche Form der Vermeidung ist die Selbstsabotage. Hier werden unbewusst Umstände erzeugt, die das Gelingen eines Vorhabens unmöglich machen. Hinzu kann eine Überbewertung des Rationalen kommen. Scheinbar rationale Argumente verhindern in diesem Fall ein für das Wachstum und die Entwicklung wichtiges Erlebnis.

Argumentiert wird in dem Zusammenhang mit Zeit, Geld oder Arbeit, was es umso schwieriger macht, diese Gründe zu entkräften, denn sie sind auf der Alltagsebene reale Faktoren. Dennoch führen sie zu einem Pragmatismus, der das wirklich Wichtige verdrängt. Die Verschiebung, die hier stattfindet, ist die ausschließliche Bezugnahme auf die materielle Ebene ohne die höhere Ordnung, die schöpferische Ebene mit in Betracht zu ziehen.

Genauso folgenschwer ist die Vermeidung durch Verleugnung der eigenen Biografie. Auch hier schwingen die Fische in der Jungfrau-Dynamik mit. Es kommt zur Schönfärberei der prägenden Umstände, um die verdrehte Eltern-Kind-Bindung als normal annehmen zu können, entgegen dem inneren Wissen, dass diese aus entwicklungspsychologischer Sicht nicht normal war. Die daraus resultierende Idealisierung verhilft dazu, sich nicht konfrontieren zu müssen und sich in einer Art Komfortzone einrichten zu können.

Schwierig wird dieser Umstand auch deswegen, weil er die Vorstellung von Heilung und Spiritualität zu einer unrealistischen, illusorischen Idee werden lässt. Ganzheit und Heilung richten sich dann an Instanzen im Außen, weil die Betroffenen sich – aufgrund der Verleugnung der eigenen Realität – ihrer Selbstverantwortung entziehen. Sie können sich selbst nicht dort abholen, wo sie stehen, sondern wollen »gerettet« werden.

Auf dieser Basis ist die Anfälligkeit für scheinbare Heilsbringer und Scharlatane groß. Sie birgt die Gefahr, auf sektiererische Vereinigungen hereinzufallen. Geschieht dies, sind Enttäuschung und Desillusionierung vorprogrammiert. Auch wenn das in diesem Zusammenhang heilsame Prozesse sind, um in der Realität anzukommen, verursacht die Enttäuschung wieder Schuldgefühle und nährt den Zweifel an sich selbst.

Für die Pluto-Jungfrau-Geborenen münden die unterschiedlichen Formen der Vermeidung in den Verrat an sich selbst oder durch andere. Dies geschieht auch, weil die Vermeidungsstrategien dazu dienen, die emotionalen Defizite zuzudecken. Dieser Umgang bindet die Pluto-Jungfrauen jedoch an ihre alten Wunden, für die sie dann in ihren Begegnungen nach Heilung suchen. Partner, Freunde und Heiler können unser ursprüngliches Defizit jedoch nicht auffüllen.

Wenn die eingangs aufgestellte These der Evolutionären Astrologie ihre Berechtigung hat, dann waren die Widerstände für die Pluto-Jungfrau-Generation ein Teil des großen Plans, damit sie sich finden kann. Demnach haben Mangel und Krisen am Lebensbeginn dazu geführt, dass die Pluto-Jungfrau-Geborenen von Anfang an mit ihrer Aufgabe, den Frieden in sich zu finden, konfrontiert waren. Im Positiven hat das dazu geführt, dass diese Generation unaufhörlich danach trachtet, sich selbst zu verbessern.

Die Besonderheit der Uranus-Pluto-Generation

Im Rahmen der Pluto-Jungfrau-Generation haben die Jahrgänge Mitte der 1960er-Jahre eine besondere Disposition, denn sie sind unter den Vorzeichen der Konjunktion von Uranus und Pluto geboren. Die Konstellation bedeutet, dass sich das Uranus-Prinzip zu Pluto gesellt, also unmittelbar und direkt auf Pluto einwirkt. Dadurch differenzieren sich die bisher besprochenen Aspekte der Pluto-Jungfrau-Dynamik, denn das gesamte Spektrum des Uranus-Archetypen kommt hinzu.

In Bezug auf die Grundthese von Pluto-Jungfrau, den Dienst am Ganzen, zeigt sich die paradoxe Wirkweise in der Verbindung mit Uranus deutlich, denn Uranus rebelliert gegenüber jeder Art von Zwängen. In ihm liegt eine tiefe Rebellion in Bezug auf das seelische Verlangen des Jungfrau-Pluto. Da Pluto an sich für Anhaftung und Zwänge steht, werden diese von Uranus infrage gestellt. In dieser Konstellation stehen sich Freiheit und Verpflichtung gegenüber.

Im Zeichen Jungfrau will jede Konditionierung durch den Alltag auf ihre Sinnhaftigkeit überprüft werden. Hierbei verkörpert Uranus die höhere Intelligenz, den großen Plan. Um diesen zu verwirklichen, bedient er sich des Prinzips von Nähe und Distanz. Droht eine Situation sich festzufahren, kommt es zu plötzlicher Trennung und Distanzierung von dem, was ein weiteres Fließen behindert.

Die Unterschiedlichkeit der beiden Planeten verursacht in den Uranus-Pluto-Jahrgängen eine Grundspannung, die eine ziemlich ausgeprägte Störanfälligkeit mit sich bringt. Diese äußert sich – wenn das von der Jungfrau angestrebte Gesamte abhandenkommt – durch das Auftreten plötzlicher Störungen und trennender Kräfte, die eine Neuausrichtung erzwingen. Es ist wie ein Rauswurf aus dem gerade Vorhandenen. Da es aber eine evolutionäre Notwendigkeit für diese Dynamik gibt, können die Mitte der 1960er-Jahre Geborenen nur lernen, mit dieser Störanfälligkeit zu leben.

Das Wechselspiel von Nähe und Distanz will auf der Seelenebene eine Befreiung herbeiführen. Der Uranus dient dazu, dort Ballast abzuwerfen, wo die Pluto-Jungfrau-Disposition an alten Prägungen festhält und so Entwicklung verhindert.

Im Uranus liegt der Impuls zur Individuation, im Fokus steht die Einzigartigkeit, der individuelle Blickwinkel. Infolgedessen müssen sich die Uranus-Pluto-Geborenen auch in dieser Hinsicht per-manent hinterfragen, um feststellen zu können, ob der Weg, den sie gerade beschreiten, unter individuellen Kriterien noch stimmig ist. Gradmesser der Stimmigkeit ist die Authentizität. Beginnt eine Situation, sich in eine Richtung zu entwickeln, in der die Uranus-Pluto-Person zunehmend den Eindruck gewinnt, sich selbst nicht treu zu sein, wächst die Sehnsucht auszubrechen. Es ist eine Reise zu sich selbst, in der es gilt, im Rahmen der Zwänge (Pluto), die die Realität (Jungfrau) mit sich bringt, den richtigen Platz zu finden. Gesellschaftliche Normen und Traditionen können hierbei als Orientierung nicht weiterhelfen, weil sie vom Standpunkt des Individuellen (Uranus) keine Lösungsansätze bieten.

Da es im Individualisierungsprozess darauf ankommt herauszufinden, was uns von anderen unterscheidet, potenziert sich das Einsamkeitsgefühl der Pluto-Jungfrau. Im Verbund mit Uranus erlebten nicht wenige der Pluto-Jungfrau-Geborenen von klein auf immer wieder ein Gefühl der Entfremdung. Die Nähe-Distanz-Dynamik von Uranus bewirkt in dieser Hinsicht, dass sich die Betroffenen von einem Moment zum anderen nicht zugehörig fühlen können. In solchen Augenblicken entsteht eine Distanz zur Realität, die verwirrend wirken kann und sogar Selbstverständlichkeiten unwirklich erscheinen lässt.

Für einige Uranus-Pluto-Geborene bezieht sich das Entfremdungsgefühl sogar auf ihre Ursprungsfamilie. Sie fühlen sich ihr so fremd, als würden sie von einem anderen Stern kommen. Das individuelle Erleben der Entfremdungszustände kann zutiefst beunruhigen und verunsichern, denn es gibt dafür keine greifbare Erklärung und es trägt dazu bei, dass sich die Schuldgefühle der Pluto-Jungfrau potenzieren. Die Uranus-Pluto-Person beschleicht das Gefühl, nicht nur nicht gut genug zu sein, sondern dass zudem etwas Fundamentales vorliegt, warum sie sich nicht verbunden fühlen kann.

Tatsächlich steht der Uranus auch für das ungelöste Trauma. Das heißt, diese Jahrgänge sind von einer traumatisierenden Erfahrung geprägt, die zumeist in den Tiefen des Unbewussten abgespeichert ist. Aus evolutionärer Sicht beschleunigt die Traumatisierung die Entwicklung, weil sie mit ihren Folgen – wie dem befremdlichen Anderssein – zur individuellen Auseinandersetzung zwingt.

Das ungelöste Trauma hat grundsätzlich Abspaltungen von Persönlichkeitsanteilen zur Folge. Damit fehlt uns etwas, das wir nicht kennen, was aber dennoch zu uns gehört. Eine Möglichkeit, die »verlorenen« Anteile wiederzufinden, ist die Projektion. Hierbei fällt uns zunächst im Außen etwas auf. Es geht um Attribute, die wir anderen Menschen zuschreiben. Handelt es sich um einen Aspekt unseres Selbst den wir projizieren, dann werden wir früher oder später darauf stoßen, weil unsere Mitmenschen mit der Projektion nicht in Resonanz gehen können. Gelingt es, den Zusammenhang zwischen eigenen Projektionen und eigenen Anteilen zu erkennen, haben wir einen Aspekt unserer Persönlichkeit wiedergefunden. Wir sind vollständiger geworden.

Für die Uranus-Pluto-Geborenen liegt in der Konjunktion Fluch und Segen zugleich. Im Zusammenhang mit Pluto betrifft die Traumatisierung vor allem das emotionale Sein. Ein plötzlicher Schockzustand, ausgelöst durch Vertrauensmissbrauch, Verrat und Ablehnung, verursachte einen seelisch-emotionalen Schmerz, vor dem man sich im Weiteren schützen muss. Zunächst sorgte der Überlebensinstinkt dafür, dass das Schockerlebnis abgespalten wurde, damit wir nicht mehr darunter leiden. Im Moment der Katastrophe ist dies eine lebensrettende Hilfe.

Da die Traumatisierungen in den ersten Momenten des Lebens oder noch früher aufgetreten sein kann, ist in den meisten Fällen den Betroffenen nicht bewusst, was sie erlebt haben. Sie bleiben aber dennoch von dem in der Tiefe liegenden plötzlichen Schockereignis geprägt – mit der zurückgebliebenen Angst vor einer ähnlichen Katastrophe.

Dominiert die Angst vor plötzlicher Trennung, erzeugt sie eine innere Unruhe, die sich bis zur Implosion steigern kann. Die Kraft des Uranus strebt nach Befreiung und Individualität und zugleich kann sie nicht freigesetzt werden, wenn die Angst vor den Folgen des Ausbrechens zu mächtig ist.

Da der Prozess im Zeichen Jungfrau stattfindet, wird die Anpassung an die Bedingungen des Alltags ab einem gewissen Punkt unerträglich, gleichwohl erscheint sie unumgänglich. Gelingt das

Ausbrechen im gegenwärtigen Moment nicht, stellt sich eine Rastlosigkeit ein, in der die Pluto-Jungfrau nach Auswegen sucht. In dieser Situation kann die Zukunft gemäß dem Uranus-Archetypen eine Zuflucht bieten. Das heißt, es findet ein geistiger Ausbruch statt, um die innere Unruhe zu mindern.

Das Umschalten in die Ferne, sei es in die Zukunft oder eine andere Form der Distanzierung, entfernt uns jedoch auch vom Gegenwärtigen. So kann es sein, dass sich im aktuellen Geschehen die Aufgaben türmen und nicht bewältigt werden können, weil die Uranus-Pluto-Geborenen geistig schon einen oder mehrere Schritte voraus sind. Es ist, als würden wir schon über den Verkauf eines bestimmten Wertes nachdenken, bevor wir ihn überhaupt erschaffen haben. An dieser Stelle wird deutlich, dass die Uranus-Pluto-Konjunktion in der Jungfrau auch ein Strukturthema in sich birgt.

Die zeitliche Abfolge einzuhalten und sich dabei auf die kleinen Schritte der Jungfrau einzulassen, stellt hier die große Herausforderung dar, weil schon aufgrund der eingeforderten Authentizität keine halbherzigen Strategien zur Bewältigung der Aufgaben angewendet werden können.

Der Segen der Uranus-Pluto-Konjunktion besteht darin, dass hier eine Urerfahrung zugrunde liegt, durch die sich jeder Bereich des Lebens infrage stellt. So individuell diese Urerfahrung sich auch zeigte, sie ging immer mit plötzlicher Trennung und Entfremdung einher. Dieser Tatbestand führt auf jeden Fall zur Beschleunigung der Entwicklung. Der Uranus wirkt wie ein Brennglas, ausgerichtet auf das seelischen Verlangen des Pluto, sodass ein Anhaften oder Lavieren nicht möglich ist. Es geht um das Erreichen einer Individualität, die Authentizität erst möglich macht. Damit ein individuelles Bewusstsein wachsen kann, sorgt Uranus für die Verweigerung gegenüber jeder noch so kleinen Unstimmigkeit im Alltag.

Den Uranus-Pluto-Geborenen wird dadurch ein massiver Bewusstwerdungsprozess abverlangt, weil es keine andere Möglichkeit gibt, als sich mit dem eigenen Seelenanliegen zu beschäftigen. Zu diesem Zweck arbeitet Uranus mit Wiederholungen, um heraus-finden zu können, wohin die Kraft des Schubs zielt. Die

Wiederholungen sind geistiger Natur, bei denen vor dem inneren Auge der Betroffenen Bilder auftauchen, die mit einer Situation der Vergangenheit zu tun haben. Jede Wiederholung eines »alten Films« verbindet uns mit den jeweiligen Gefühlen, die wir in der damaligen Situation hatten.

Auf diese Weise erzeugt das wiederholte Anschauen der inneren Bilder ein Bewusstsein dafür, worum es eigentlich geht. Auch die Fähigkeit des Uranus, ein Doppelbewusstsein zu bilden, indem ein Teil unseres Bewusstseins die Vogelperspektive einnimmt, verhilft dazu, den eigenen Weg erkennen zu können. Solange die Richtung der eigenen Entwicklung nicht bekannt ist, führt das für die Betroffenen zum inneren oder äußeren Ausrasten bei jeder Kleinigkeit, die die Stimmigkeit vermissen lässt.

Uranus Konjunktion Pluto, balsamisch und neu

09.10.1965 Uranus Konjunktion Pluto auf 17°8 Jungfrau
ab 10.10.1965 Uranus Konjunktion Pluto neu
04.04.1966 Uranus Konjunktion Pluto auf 16°28 Jungfrau
ab 05.04.1966 Uranus Konj. Pluto balsamisch bis 29. 6. 1966
30.06.1966 Uranus Konjunktion Pluto auf 16°5 Jungfrau
ab 01.07.1966 Uranus Konjunktion Pluto neu

Die Konjunktion von Uranus und Pluto wirkt sich sehr unterschiedlich aus, weil die Art der Dynamik, die sie freisetzt, davon abhängt, ob der Uranus vor oder hinter dem Pluto steht. Läuft Uranus, von seiner natürlichen Bewegung aus betrachtet, in den Pluto hinein, handelt es sich inhaltlich um einen Abschluss, um eine Befriedung des Themas. Hat Uranus den Pluto bereits überholt, wie es ab Herbst 1965 der Fall ist, dann liegt im Thema eine brandneue Lernaufgabe. Diese Differenzierung beruht auf dem Phasenmodell von Dane Rudhyar, der eine dynamische Aspektlehre entwickelt hat. Er legt in dieser Betrachtung die Phasen des Mondes zugrunde: Neumond, zunehmende Sichel, Vollmond, abnehmende Sichel.

Jeder zyklische Neubeginn vollzieht sich somit in der Neumondphase und begibt sich von dort aus auf die Wanderschaft.

Im ersten Viertel durchläuft die jeweilige Planetenkombination die Phase »arbeiten und lernen« in Bezug auf das Thema der ursprünglichen Konjunktion, im Falle von Uranus-Pluto in der Jungfrau geht es u.a. um die Individuation, die Reise zu sich selbst (Uranus). Im Rahmen der Zwänge (Pluto), die die Realität (Jungfrau) mit sich bringt, muss der Geborene unter diesen Bedingungen den für ihn richtigen Platz finden. Im zweiten Viertel des Zyklus arbeitet die Planetenkombination auf den Erfolg hin. Im dritten Viertel ist dieser erreicht und im Anschluss erfolgt im vierten Viertel aufgrund einer gewissen Unzufriedenheit – das kann doch nicht alles gewesen sein? – eine Neuorientierung, die bei der nächsten Konjunktion der beiden Planeten den neuen Entwicklungsimpuls prägt.

Uranus in balsamischer Konjunktion zu Pluto

Bis zum 8.10.1965 sowie vom 5.04.1966 bis 29. Juni 1966

In diesem Fall steht Uranus vor dem Pluto, das bedeutet, die Gegensätze Rebellion und Anpassung wollen ihren Frieden miteinander finden. Die Betroffenen spüren Unstimmigkeiten sehr sensibel, müssen sich aber nicht impulsiv aus der Situation herauskatapultieren, sondern sie beobachten das Geschehen genau und registrieren auch ihr Unwohlsein. Dort, wo ihnen zu viel Anpassung an für sie zweifelhafte Werte verlangt wird, werden sie bemüht sein, sich herauszuziehen.

Die Priorität liegt auf der Entwicklung der Individualität und dem Bemühen, nicht unnötig zu zerstören. Das destruktive Element von Uranus, in dem das Anderssein als Selbstzweck dient, will sich verändern. Diese Konstellation birgt die Aufgabe, eine Gelassenheit gegenüber dem Unstimmigen zu entwickeln und zugleich auch darauf zu reagieren.

Uranus in neuer Konjunktion zu Pluto

10.10.1965 bis 03.04.1966 sowie ab 1.07.1966

Hier hat Uranus den Pluto bereits überholt, das bedeutet, es liegt ein enormer Schwerpunkt auf der Rebellion und dem plötzlich Trennenden. Diejenigen mit dieser Konstellation haben ihre Mühe und Not, selbst bei Kleinigkeiten, die ihnen unstimmig erscheinen, die Fassung zu bewahren. Wann immer ein Umstand als zu einengend oder unecht empfunden wird, trennen sich die Betroffenen radikal. Gerade in der neuen Konjunktion von Uranus und Pluto liegt das Potenzial der narzisstischen Kränkung. Die Betroffenen haben durch den Uranus-Einfluss das Gefühl, sehr besonders zu sein, und fühlen sich auf der Jungfrau-Fische-Achse als solches nicht gewürdigt.

Neptun im Skorpion

Der Neptun im Skorpion rundet das bisher gezeichnete Bild der Uranus-Pluto-Generation ab und verstärkt ihren evolutionären Impuls. Dies geschieht dadurch, dass Neptun in seiner Raum und Zeit auflösenden Qualität sich mit Skorpion, dem Prinzip von Ursache und Wirkung, verbindet. Das heißt, ab einem bestimmten Punkt ist der Skorpion aufgefordert, das Ergründen von Ursache und Wirkung aufzugeben. Dieser Punkt ist dann erreicht, wenn das Ergründen zwanghaft wird und zu keiner neuen Erkenntnis mehr führt, weil die Neptun-Botschaft eine seelisch-emotionale ist, die sich rational nicht erschließt.

Für die Uranus-Pluto-Generation bedeutet das, dass sie in ihrem Leben zyklisch wiederkehrende Krisen durchlebt, weil Neptun die für die Umstände verantwortliche dahinterstehende Absicht verschleiert. In diesen Momenten erleben die Betroffenen das Zurückgeworfen-Sein auf ihr Urthema der Lernaufgabe: dem Mangel an

Orientierung Vertrauen entgegenzusetzen. Gelingt dies, erwachen die Pluto-Jungfrau-Geborenen aus der Starre der Ohnmacht und sind handlungsfähig. Im Vertrauen können sie sich auf das Konkrete beziehen, anstelle sich auf den Widerstand zu versteifen, den eine Rebellion gegenüber den Gegebenheiten mitbringt.

Aus der Erkenntnis, nicht alles verstehen oder erklären zu können, erwächst das Einlassen auf das Machbare. Damit ist der Grundstein für die Entfaltung der Neptun-Skorpion-Konstellation gelegt. Hier geht es in der Tiefe um die Überprüfung der eigenen Absicht als maßgebliche Orientierungshilfe für das eigene Handeln. So verstanden, kann Neptun der Wegweiser für die Pluto-Jungfrau-Geborenen sein, denn jedes Unterfangen, das von einer reinen Absicht getragen ist, ist frei von unlauterem Machtstreben und Manipulation. Entscheidungen, die auf einer reinen Absicht basieren, schenken inneren Frieden, denn sie dienen einem höheren Ziel.

Die Mammutaufgabe der Neptun-Skorpion-Konstellation besteht im Loslassen der gesamten Existenz, mit dem Ziel, dadurch die eigene Bestimmung zu finden. In kleinen Schritten kann die Pluto-Jungfrau-Generation zu dieser Einsicht finden. Aufgrund der überpersönlichen Dimension der Uranus-Pluto-Konjunktion liegt auf der Generation der 1960er-Jahre ein Auftrag von großer Bedeutung.

Der Dienst am Ganzen bezieht sich für die Pluto-Jungfrau-Geborenen als überpersönlicher Auftrag zur bevorstehenden Zeitenwende. Bestandteil dieser Zeitenwende ist der Schritt zu einem individuelleren Bewusstsein auf kollektiver Ebene. Aufgabe der Pluto-Jungfrau-Geborenen ist es, diesen Entwicklungsschritt vorzubereiten, indem sie sich selbst auf diesen Prozess einlassen. Der Neptun im Skorpion erlangt hierbei eine Schlüsselrolle, denn er sorgt für das Loslassen von alten Widerständen gegenüber den Umständen, die nicht veränderbar sind. Durch Neptun im Skorpion werden die Grenzen des Bewusstseins klar und deutlich. Sie liegen dort, wo die skorpionische Warum-Frage keine Antworten mehr findet.

Neptun im Transit durch die Fische

Der Schlüssel zur Verwirklichung

Aufgrund der entscheidenden Bedeutung Neptuns für die Pluto-Jungfrau-Generation ist der gegenwärtige Neptun-Fische-Transit (2011 bis 2026) für diese von unschätzbarem Wert. Er fokussiert die Pluto-Jungfrau-Geborenen auf ihre Pluto-Polarität, ihr seelisches Entwicklungsziel: durch den Dienst am Ganzen (Jungfrau) das Vertrauen und die Liebe der Fische wiederzufinden.

Zu einem bestimmten Zeitpunkt wird sich Neptun in die exakte Opposition zum Geburts-Pluto und -Uranus der in den 1960er-Jahren Geborenen begeben. Findet dieser Transit statt, der letztendlich Jahre beansprucht, dann stellt sich dem Pluto in der Jungfrau die Kraft des Neptun gegenüber. Der Neptun in den Fischen veranlasst die Pluto-Jungfrau-Geborenen, eine Überprüfung ihrer Seelenanliegen vorzunehmen. Dies geschieht durch Lösung des Pluto-Widerstands gegenüber den jeweils bestimmenden Faktoren. Die Pluto-Jungfrau-Geborenen sind dadurch in der Situation, ihre Kräfte auf ihr aktives Handeln fokussieren zu können, anstatt gegen die Realität aufbegehren zu müssen. Dieser Prozess hat etwas sehr Heilsames, da die Betroffenen lernen, sich anders einzulassen.

Gleichzeitig ist eine Opposition ein spannungsgeladener Aspekt, indem akribisch auseinanderdividiert werden muss, wann der eine oder der andere Planet die Richtung bestimmen darf. Im konkreten Fall geht es um die Klärung der Pluto-Jungfrau-Dynamik im Hinblick auf die ursprünglich dahinterstehende Absicht. Sehr belastend und anstrengend kann hierbei die mit Neptun einhergehende Desillusionierung sein. Zumal zunächst keine Struktur erkennbar wird oder Orientierung möglich zu sein scheint, denn Neptun-Transite befördern Auflösungszustände, ohne dem gleich etwas ‚Neues' entgegenzusetzen.

Der Neptun steht im tiefsten Kern für die Empathie. Ohne eine mitfühlende Verbundenheit, in der sich die einzelne Existenz auf die Existenz von allem anderen bezieht, ist das Leben auf der Erde nicht denkbar. Empathie braucht als Urprinzip keinen Bewusstwerdungsprozess, denn sie besteht jenseits des Intellekts und des Vertrauens. Für uns Menschen ist es jedoch ein wichtiges Entwicklungsziel, uns als denkende und fühlende Wesen der Empathie bewusst zu werden.

Für die bewusste Entwicklung von Empathie ist es notwendig, die Themen des Mondes, des Egos, zu transformieren. Befinden wir uns anstelle des Mitfühlens im Mitleid, wird sogleich der eigene Schmerzkörper aktiviert, mit der Folge, dass wir uns in unserem eigenen Drama bewegen, im Wasser-Trigon Krebs, Skorpion, Fische.

Im Mitgefühl hingegen sind wir uns unserer inneren Realität bewusst, vermischen sie jedoch nicht mit der der anderen. In Bezug auf den Mond haben wir eine emotionale Sicherheit entwickelt, die es uns ermöglicht, Außen und Innen klar voneinander unterscheiden zu können.

Für die Pluto-Jungfrauen liegt im Erkennen des Unterschieds zwischen Mitleid und Mitgefühl der Schlüssel zu ihrer Verwirklichung. Der Neptun-Transit verhilft ihnen dazu, sich von ihrem Gefühl, ein Opfer zu sein, zu lösen. Dort, wo die Pluto-Jungfrau in der Vergangenheit aus ihrem tiefen Wunsch nach Verschmelzung zwanghaft vertrauen wollte und infolge dessen desillusioniert wurde, tritt jetzt anstelle des alten Schmerzes ein Mitgefühl mit sich selbst und der Welt. Die Pluto-Jungfrau-Geborenen können zu dem werden, was sie wirklich sind: Menschen, die die Sehnsucht in sich tragen, sich und die Welt zu verbessern.

Neptun-Fische-Transit

Geburts-Pluto 1. Haus – Transit-Neptun 7. Haus

Während dieses Neptun-Transits hat der Pluto-1-Geborene die Chance, seine Beziehung zur Welt zu klären. In der Vergangenheit führten Idealisierung und eigene Wünsche oft zu einer höchst subjektiven Interpretation seiner Umgebung. Der Neptun-Transit durch das 7. Haus kann der Pluto-1-Persönlichkeit zu einem neuen Bewusstsein ihrer selbst verhelfen, denn sie erkennt ihre Projektionen. Ging sie bisher davon aus, dass das Außen ihrem Inneren entspricht, erkennt sie jetzt, dass sich ihr Inneres zwar im Außen spiegeln lässt, das Außen sich aber von ihrem Inneren unterscheidet, es ist *anders*.

Viele Menschen mit Pluto im 1. Haus haben aufgrund der prägenden Erfahrung von Trennung und Alleinsein ein Kontrollbedürfnis entwickelt. Daher wirken sie mit einem Maximum an Selbstbestimmung einem erneuten Trennungsschmerz entgegen. Sie dehnen ihre subjektive Realität auf das Außen aus, indem sie selbstbestimmt handeln; sie folgen ihren eigenen Impulsen und setzen diese um. Diese Dynamik bietet ihnen Unabhängigkeit und Sicherheit, weil so unerwartete Situationen, die erneut Trennungsängste auslösen könnten, vermieden werden. Im Extremfall haben sich die Pluto-1-Geborenen in eine statische Lage gebracht, in der sie zwar weitestgehend selbst über ihr Leben bestimmen, zugleich aber das Eintreten von etwas Neuem oder Unerwartetem unterbinden.

Der Neptun-Transit durch das 7. Haus ermöglicht es den Pluto-1-Geborenen, Mitgefühl mit ihrer Umgebung zu erlangen. Darüber können sie Verständnis entwickeln, dass auch ihr Umfeld die Projektion braucht, um sich zu spiegeln. So lernt Pluto 1, seinem Gegenüber Gleichberechtigung zuzugestehen, die in eine ehrliche Kommunikation auf Augenhöhe mündet. Auf diese Weise erfüllt sich der sehnlichste Pluto-1-Wunsch, von anderen nicht nur Feedback, sondern auch Hilfe und Zuwendung zu erhalten.

Aus der Empathie mit dem *Anderssein* des Gegenübers kann ein Mitgefühl mit der eigenen emotionalen Unsicherheit und der Angst, nicht gesehen zu werden, einzutreten. Dieser Schritt befähigt Pluto-1, Vertrauen zu einem anderen Menschen aufzubauen, und er beginnt, wenn auch mit bangem Herzen, sich dem anderen öffnen. So erschaffen beide eine Grundlage, auf der ein Lernen von anderen und neue Erfahrungen stattfinden können. Der Neptun-Transit verhilft Pluto-1-Geborenen zur Klarheit über ihre Identität, sie erkennen, worin sie sich von anderen unterscheiden. Damit ist die Grundlage zum Führen gleichberechtigter Beziehungen geschaffen.

Geburts-Pluto 2. Haus – Transit-Neptun 8. Haus

Der Neptun-Transit im 8. Haus unterstützt die Pluto-2-Persönlichkeit bei der Auflösung von negativen Gefühlen und schlimmsten Befürchtungen gegenüber der Außenwelt. Neptun deckt für die Pluto-2-Person die innere Realität auf, in der sich alles um das Überleben und die dafür benötigten Werte und Ressourcen dreht.

Die Pluto-2-Persönlichkeit ist eng mit ihrem Überlebensinstinkt verbunden, verstärkt durch die Erfahrung existenzieller Bedrohungen in der Vergangenheit. Möglicherweise war die Pluto-2-Persönlichkeit sogar gezwungen, eigene Werte oder sich selbst zu verraten, um überleben zu können. In der Folge bildete sich ein ausgeprägtes Misstrauen gegenüber allem, was ihre Existenz gefährden könnte, denn sie hat selbst erlebt, wie sich der Überlebensinstinkt verselbständigt und auch über eigene Maßstäbe hinwegsetzt, wenn es um Leben und Tod geht.

Trifft der Neptun-Transit auf dieses Erfahrungsszenario, kann in den Betroffenen Empathie für das eigene Schicksal heranreifen. Das so entstehende Mitgefühl führt auch zur Akzeptanz von Ohnmachtserfahrungen im Leben, dies erlaubt den Wandel der durch Selbstverrat ausgelösten Schuldgefühle.

Die Pluto-2-Geborenen können nun erkennen, dass ihr Überlebensinstinkt sie nicht schuldig gemacht hat. So verstärkt der Neptun-Transit für die Pluto-2-Geborenen ihr Lösungskonzept des 8.

Hauses, indem er dem Verteidigungszwang das Gesetz der reinen Absicht entgegensetzt. Für die Pluto-2-Persönlichkeit führt das zu einer Überprüfung ihrer inneren Werte. Aus diesem Prozess kann die Einsicht erwachsen, dass die Qualität der eigenen Absicht die Resonanzen im Außen bestimmt.

Empathie und reine Absicht können der Pluto-2-Persönlichkeit ein Vertrauen in die eigene Existenz schenken. Von dieser Warte aus kann die Pluto-2-Persönlichkeit erkennen, was sie im Hinblick auf ihre Existenzsicherung schon geleistet hat und generell leisten kann. Im Vertrauen zu sich selbst ist es den Pluto-2-Geborenen möglich, sich dem Leben und somit dem Ungewissen zuzuwenden, wodurch sie die Türen für die Entwicklung ihrer noch nicht ausgelebten Potenziale öffnen.

Geburts-Pluto 3. Haus – Transit-Neptun 9. Haus

Für Menschen mit Pluto im 3. Haus hat der Neptun-Transit durch das 9. Haus eine heilsame Wirkung, denn er eröffnet ihnen den Blick auf das Naturgesetz, den ganzheitlichen Zusammenhang unseres Seins. Dort, wo die Pluto-3-Geborenen mit geistiger Rastlosigkeit in verschiedenen Tatsächlichkeiten nach der einen absoluten Wahrheit suchen, kann der Neptun-Transit zur gelassenen Erkenntnis verhelfen, dass die absolute Wahrheit nicht zu begreifen ist. Haben die Pluto-3-Geborenen sich in der Vergangenheit wissbegierig den unterschiedlichsten Phänomenen zugewandt, so verloren sich ihre Forschungen oftmals in Einzelheiten, wenn sie diese Details nicht in ein übergeordnetes Ganzes integrieren konnten. Sucht die Pluto-3-Person Informationen im Rahmen eines Bezugssystems, das ihren subjektiven Glaubenssätzen entspricht, dann müssen die Dinge eine ganz bestimmte Ordnung haben, eine, die der eigenen entspricht. Sie gleicht buchstäblich dem Geist, den sie begreift! So stellt sie unbewusst ihre Sicherheit und Orientierung her, indem sie nur die Fakten sammelt, die ihrer Überzeugung entsprechen.

Schwierig ist in diesem Zusammenhang die Selbstehrlichkeit,

wenn sich das subjektive System zu sehr schließt und sich gegen Impulse von außen wehrt, in diesem Fall dient die eigene Weltanschauung als Rechtfertigung ihrer subjektiven Ordnung mit verallgemeinerndem Anspruch.

Der Neptun-Transit durch das 9. Haus öffnet die Pluto-3-Geborenen für das Bewusstsein, dass allein mit logischen, rationalen Verfahren die großen Zusammenhänge unserer Existenz nicht geklärt werden können und dass sie und ihre Erkenntnisse ein Teil der Gesamtwahrheit sind. Der Neptun-Transit fördert das Mitgefühl mit den eigenen intellektuellen Grenzen, was dazu führen kann, dass die Pluto-3-Geborenen ein individuell stimmiges, ganzheitliches System für sich finden. Dieses entspräche einem Dach, unter dem sich die vielen Details versammeln und zuordnen lassen, es ermöglicht auch die Integration innerer Widersprüche.

Geburts-Pluto 4. Haus – Transit-Neptun 10. Haus

Menschen mit Pluto im 4. Haus kann der Neptun-Transit durch das 10. Haus dazu verhelfen, eine Heimat in sich selbst zu finden. Haben sie in der Vergangenheit bis zur Selbstaufgabe alles dafür getan, eine Heimat vom Außen zu bekommen, so erschließen sich ihnen jetzt neue Wege, Heimat in sich zu entdecken. Nun wird den Pluto-4-Geborenen bewusst, wie sehr sie sich durch übermäßiges Selbstmitleid mit ihrem eigenen Urschmerz, dem Gefühl der Heimatlosigkeit, verbinden. Das führt zu einer Überidentifikation mit der eigenen Geschichte, womit sie auch der Vergangenheit verhaftet bleiben. Erkennt die Pluto-4-Person durch Mitgefühl für sich selbst die innere Wunde, kann sie die Heimatlosigkeit als persönliche Grundbedingung ihres Daseins verstehen und das Potenzial dieser Situation realisieren. Denn aus dem Erkennen des eigenen Schmerzmechanismus, erwächst das Bewusstsein für den nötigen Entwicklungsschritt – die Heimat in sich selbst zu finden. Die Voraussetzung für die Übernahme der Verantwortung ist dann geschaffen, der eigene Schmerz muss nicht mehr projiziert werden. Die Pluto-4-Geborenen entwickeln Mitgefühl mit sich selbst und anderen.

Damit sie ihr Inneres erspüren kann, verlangt dieser Neptun-Transit der Pluto-4-Person einen Rückzug vom Außen ab. Die Pluto-4-Geborenen brauchen Zeit für sich selbst, weil sie dazu neigen, in jeder Art von Gemeinschaft Heimat und Wurzeln zu suchen. Da die Sehnsucht nach Geborgenheit und Schutz übergroß ist, sind in den Gemeinschaften emotionale Abhängigkeiten vorprogrammiert. Das macht den inneren Rückzug in die Stille umso notwendiger, damit sie diese Abhängigkeiten durch die Prüfung ihrer Beziehungen auf Authentizität erkennen und sich von ihnen lösen. So werden die Pluto-4-Geborenen im Rahmen des Neptun-Transits Brücken abbauen, wo sie sich unwohl fühlen, weil sie nicht sie selbst sein können. Beziehungen, die vermeintliche Geborgenheit versprachen, finden ein natürliches Ende, weil die Betroffenen sich ihrer Selbstverantwortung bewusst werden.

Der Neptun-Transit durch das 10. Haus vergegenwärtigt das Gesetz von Raum und Zeit, was auch zur Folge hat, dass die Betroffenen die Bedeutung von Konsequenzen erkennen, die mit wichtigen Entscheidungen einhergehen. So lösen sie ihre idealisierten Vorstellungen von Kompetenz und Leistung auf, verleihen ihrer eigenen Autorität mehr Bedeutung und können sich mit größerer Ernsthaftigkeit auf ihre Ziele fokussieren. Indem sie die Vergänglichkeit akzeptiert und somit auch das Verlassen alter, nicht mehr zuträglicher Plätze, autorisiert sich die Pluto-4-Persönlichkeit, für ihre emotionalen Bedürfnisse selbst einzustehen.

Geburts-Pluto 5. Haus – Transit-Neptun 11. Haus

Pluto-5-Geborene können sich im Rahmen des Neptun-Transits durch das 11. Haus der Leichtigkeit des Spiels bewusst werden. Haben sie in der Vergangenheit immer wieder Ohnmacht und Frustration erlebt, wenn sie ihrer kraftvollen Lebendigkeit freien Lauf ließen, so zeigen sich ihnen nun die Gründe für diese Erfahrungen. Die Pluto-5-Persönlichkeit hat das Bewusstsein, einen einzigartigen, besonderen Zweck erfüllen zu wollen, etwas Grandioses zu leisten, das sie mit Glück und Erfolg krönt. Um dieses tun zu können, sucht sie nach einer Rahmenstruktur, an der sich das Erreichte messen lässt. Wettkampf oder gesellschaftlicher Erfolg bieten dazu die Möglichkeiten. Stellen sich Anerkennung und Applaus für die Pluto-5-Person nicht ein, gerät sie in die Drucksituation, unbedingt im Mittelpunkt stehen zu wollen, was sie an die Grenzen ihrer Leistungsfähigkeit bringen kann. Die fixe Idee, sich im Leben besonders hervortun zu müssen, wird zur Belastung und gleichzeitig erwächst daraus die Erkenntnis, dass sich dieses Ziel nur mit spielerischer Leichtigkeit verwirklichen lässt.

Der Neptun-Transit durch das 11. Haus ermöglicht den Pluto-5-Geborenen, sich von Verhaftungen im Außen und Bewertungen von anderen zu lösen – insbesondere dort, wo sie sich in ihrer Selbstverwirklichung blockieren, weil sie ihre Ziele zu sehr auf gesellschaftliche Anerkennung ausrichten, was sie daran hindert, ihre wahre Herzensangelegenheit zu finden.

Das 5. Haus entspricht dem Löwen, das Individuum steht auf der Spitze der Pyramide und soll sich jetzt dem großen Ganzen öffnen, um seiner Schaffenskraft und Kreativität einen höheren Sinn zu verleihen. Aus der Warte des 11. Hauses gelingt dies über eine Distanzierung von sich selbst, die den enormen Gestaltungswillen der Pluto-5-Person objektiviert und somit neue Ziele ermöglicht. Die Vogelperspektive des 11. Hauses stellt den eigenen subjektiven Anspruch infrage, um diesen gegebenenfalls für eine übergeordnete Vision loslassen zu können. Es geht für die Pluto-5-Persönlichkeit darum, eine geistige Freiheit zuzulassen, die ein Mitgefühl mit dem Menschsein fördert, weil die entstehenden neuen Ideen und Vorstellungen auf dem humanitären Grundgedanken beruhen. Hierbei geht es sowohl um Vernetzung und Fortschritt als auch um Rebellion und Individuation. Das 11. Haus ist der Ort der Gleichgesinnten, der Gruppen und Freunde.

So bedeutet der Neptun-Transit für die Pluto-5-Geborenen, zunächst das Tal des Loslassens zu durchschreiten, um die eigene Utopie zu entdecken. Es ist der König, der zunächst seinen Machtanspruch aufgeben muss, damit er durch geistiges Experimentieren das höhere Ziel finden kann, dem er dann wiederum als König dient.

Pluto-5-Geborene finden ihre Fülle und Leichtigkeit dann, wenn sie die Angst überwinden, ihre subjektive Strahlkraft zu verlieren, sobald sie sich zu sehr »gemeinmachen«, sich zulasten ihrer einzigartigen Grandiosität in das Umfeld anderer begeben. Die Betroffenen befürchten, vom Kosmos oder den Gleichgesinnten absorbiert zu werden und damit die eigene Individualität einzubüßen. Diese Sorge lässt sich jetzt mithilfe des Neptun-Transits transformieren, indem die Pluto-5-Persönlichkeit versteht, dass sie ihre subjektive Strahlkraft braucht und sie anerkennen muss, damit sie sie an gegebener Stelle für ihre Entwicklung aufgeben kann.

Geburts-Pluto 6. Haus – Transit-Neptun 12. Haus

Menschen mit Pluto im 6. Haus kann der Neptun-Transit durch das 12. Haus dazu verhelfen, sich von ihren Widerständen gegenüber der Realität zu lösen und somit eine für sie neue Form der Gelassenheit zu entwickeln. Haben die Pluto-6-Geborenen in der Vergangenheit Phasen der Verzweiflung und Einsamkeit durchlitten, weil sie keinen Umgang mit den vorherrschenden Bedingungen fanden, so kann der Neptun-Transit sie jetzt mit dem versöhnen, was gegenwärtig ist. Dies geschieht, weil die Pluto-6-Persönlichkeit erkennt, dass der Kampf gegen das große Ganze zwecklos ist. Indem sich die Pluto-6-Person von ihren hohen Idealen löst, kann sie sich auf das Mögliche fokussieren. Sie lernt außerdem, dass sich die eigenen Träume nicht allein mit dem Verstand verwirklichen lassen. Jedes Vorhaben erfordert auch ein Vertrauen darauf, dass es gelingt, wenn es im Einklang mit der höheren Ordnung ist. Dieses Vertrauen kann während des Neptun-Transits durch Haus 12 wachsen, sodass die Pluto-6-Geborenen sich auf die Gegebenheiten, die gerade vorherrschen, einlassen können.

Grundsätzlich ist die Konstellation im Zusammenhang mit dem Generationenthema exponiert, weil das 6. und 12. Haus ebenfalls der Jungfrau-Fische-Achse zugeordnet werden. Das heißt, die Pluto-Jungfrau-Disposition im 6. Haus bedeutet eine Dopplung, die gegenwärtig durch eine Verdreifachung ausgelöst wird (Neptun

-Fische-12. Haus). Dieser Zusammenhang lässt erahnen, unter welch außerordentlichem Druck sich die Betroffenen befinden, die genannten Aufgaben zu bewältigen. Die Pluto-6-Persönlichkeit hat in der Vergangenheit die Erfahrung in besonderer Intensität gemacht, dass Unstimmigkeiten schon bei absoluten Kleinigkeiten zu großen Krisen führen können. Das hatte häufig eine übergroße Vorsicht bei den Betroffenen zur Folge oder es kam, zulasten der eigenen Authentizität, zu einer übertriebenen Anpassung an die Gegebenheiten. In beiden Fällen regierte die Angst vor der Ohnmacht in völliger Krise, die sich letztendlich, wie bereits erwähnt, nur durch Vertrauen wandeln lässt. Der Neptun-Transit durch das 12. Haus stellt die Herausforderung dar, dieses Vertrauen durch die Anerkennung der eigenen Grenzen zu finden. Indem sich die Pluto-6-Persönlichkeit eingesteht, die Sicherheit eines ganzheitlichen Bezugsrahmens zu brauchen, um diesem in ihrer spezifischen Funktion zuzuarbeiten, erlöst sie sich von der Anforderung, einen Führungsanspruch dort zu erfüllen, wo sie ihn nicht leisten kann. Dieser Prozess führt zur Anerkennung der tatsächlichen eigenen Möglichkeiten und zum Vertrauen, das die Pluto-6-Person entwickeln kann, wenn sie sich ihren notwendigen Rahmen schafft.

Geburts-Pluto 7. Haus – Transit-Neptun 1. Haus

Pluto-7-Geborene erhalten mit dem Neptun-Transit durch ihr 1. Haus Gelegenheit, die Tatsache anzuerkennen, dass unabhängiges Handeln immer auch von emotionaler Unsicherheit begleitet ist. Pluto-7-Geborene machten in der Vergangenheit die Erfahrung, dass unreflektiertes Tun, dessen Konsequenzen zum Zeitpunkt des Handelns unbekannt sind, meistens mit Strafe, Trennung oder Liebesentzug endete. Diese Erfahrungen verletzten die Pluto-7-Person und führten sie in heftige Krisen, weil sie in ihrem Kern das Anliegen hat, durch Beziehungen zu wachsen. Sie lernt durch den Vergleich mit den Realitäten der anderen etwas über sich selbst und sucht in der Bestätigung durch andere ihre Sicherheit. Aus dieser

Dynamik können Abhängigkeiten entstehen, die die Angst der Pluto-7-Persönlichkeit vor Ablehnung potenzieren. Sie braucht die Gemeinschaft und ein Gegenüber, um sich ihrer selbst zu vergewissern, was auch in ihrem Wunsch nach Harmonie zum Ausdruck kommt. Um diesem Wunsch nachzukommen, orientiert sich die Pluto-7-Persönlichkeit an Normen, Werten und Kategorien wie Richtig und Falsch. Der Neptun-Transit durch das 1. Haus weckt in den Pluto-7-Geborenen die Begehrlichkeit, frei und unabhängig das zu tun, wonach ihnen zumute ist, ohne sich dabei von äußeren Faktoren leiten oder beschränken zu lassen. Durch den Neptun-Transit entsteht ein Mitgefühl mit sich und der Vergangenheit, in der sie eine enorme Anpassungsleistung erbracht haben, um in ihren Beziehungen Harmonie herzustellen. Die Pluto-7-Persönlichkeit braucht den Bezug zum Außen, damit sie sich selbst objektivieren und auf diese Weise die »richtigen« Entscheidungen treffen kann. Im Zuge des Neptun-Transits offenbart sich, wo die Pluto-7-Persönlichkeit aus Angst vor Disharmonie ihren eigenen Willen unterordnete.

Der Neptun-Transit ermöglicht den Pluto-7-Geborenen, ein Vertrauen in ihr intuitives Handeln zu entwickeln, indem sie ihre gefühlte Abhängigkeit vom Außen zunehmend loslassen können. Sie verankern sich mehr in ihrem Körper, wodurch sie sich auf ihre instinktiven Impulse einlassen können. Hierbei geht es um die »reine« Tat, was bedeutet, einen ehrlichen Wunsch auszuleben, der im Sinne von Neptun zum Wohl aller Beteiligten ist. Verbindet sich die Pluto-7-Person mit ihren höheren Idealen, kann sie das Vertrauen aufbringen, dass sie in ihrem Tun nicht verloren geht. So entsteht ein Fundament, das die Unsicherheit des Handelns nach dem Prinzip von Versuch und Irrtum abfedern kann. Für die Pluto-7-Geborenen öffnet sich dadurch ein Tor zu neuen Erfahrungen, bei denen sie ihre eigene Kraft spüren, selbst wenn ihre instinktiven Impulse sie zu Rückzug und Stille drängen.

Menschen mit Pluto im 8. Haus kann der Neptun-Transit durch das 2. Haus dazu verhelfen, ein Mitgefühl mit sich selbst zu entwickeln und so ihr Herz öffnen. Der Neptun-Prozess unterstützt die Rückbesinnung auf die eigenen Potenziale. Auch ihre Fähigkeit, sich einem Ziel hundertprozentig verschreiben zu können, wird der Pluto-8-Persönlichkeit bewusst.

In der Vergangenheit haben die Pluto-8-Geborenen extreme Ohnmachtserfahrungen durchlebt, wenn sie in ihrem Bemühen, die eigenen Grenzen zu wandeln, den Kontakt zu ihren Bedürfnissen vernachlässigten. Die Hingabe an etwas Größeres erschien ihnen so essenziell wichtig, dass die Pluto-8-Geborenen dazu bereit waren, nahezu alles zu opfern. Wenn dies geschah, erlebten die Pluto-8-Geborenen ihr Seelenthema krisenhaft, denn sie haben grundsätzlich das Verlangen, sich durch die Vereinigung mit einem Menschen oder einer Idee zu entwickeln. Bestandteil dieser Thematik ist es auch, im Bewusstsein der eigenen Grenzen nach ihrer Erweiterung zu streben. Die Vereinigung, Metamorphose durch Osmose, ist die intensivste Form der Weiterentwicklung, weil die Person danach *mehr* ist als sie vorher war. Sie hat etwas in sich aufgenommen und sich so gewandelt. In diesem Sinn kann der Vereinigungswunsch den höchsten Stellenwert erlangen, was dazu führt, dass die Pluto-8- Persönlichkeit bereit ist, alles dafür zu tun oder zu geben. Die Folgen dieser Form der Selbstaufgabe sind gerade in den Beziehungen der Pluto-8-Geborenen reich an Konsequenzen, denn ab einem bestimmten Punkt erfahren sie dort, wo sie sich aufgegeben oder aufgelöst haben, Ablehnung und Trennung. Danach macht es die Ablehnungserfahrung der Pluto-8-Person noch schwerer, an ihren Wert und an sich selbst zu glauben. Dies geschieht so lange, bis die Pluto-8-Persönlichkeit realisiert, dass es um die Entwicklung ihrer Potenziale geht.

Der Neptun-Transit durch das 2. Haus schafft ein Bewusstsein für diesen Wendepunkt. Die Pluto-8-Geborenen verstehen, dass sie bisher in ihren Vereinigungen aus mangelndem Vertrauen zu sich selbst nach der Erfüllung ihrer ungestillten Bedürfnisse suchten. Mithilfe von Neptun wird deutlich, dass das Verlangen, die eigenen Grenzen zu überwinden, sich auf die Entwicklung der eigenen Potenziale bezieht. Eine Vereinigung, die dieses Ziel unterstützt, lässt die Pluto-8-Persönlichkeit über sich selbst hinauswachsen.

Um diese erlöste Form, die Entwicklung der eigenen Gaben und Fähigkeiten zu ermöglichen, ist es notwendig, dass die Betroffenen zu ihrer Würde und ihrem Selbstwert finden. Der Neptun-Transit kann ihnen hierbei eine Hilfe sein, denn das Mitgefühl und die Liebe beziehen sich auf die Pluto-8-Geborenen selbst. Im Mitgefühl mit sich können sie das Wunder ihrer Existenz und der Schöpfung spüren. Unter diesen Vorzeichen nehmen sie das eigene Begrenzt-Sein an, was sie auf die Fülle, ihren inneren Reichtum, aufmerksam macht. Dabei werden sie der Tatsache gewahr, dass ihr Verlangen, ihre Grenzen durch Vereinigung zu erweitern, reiner Absicht sein muss, damit sie ihre Potenziale zur Entfaltung bringen können. Das heißt, sich selbst zu prüfen, ob die Motivation ihres Tuns frei von übersteigertem Willen und eigennützigen Interessen ist. Mit Neptun im Prozess wollen die getroffenen Entscheidungen im Einklang mit dem Ganzen sein. Unter diesen Voraussetzungen kann der Selbstwert der Pluto-8-Persönlichkeit heilen, weil ihre Gaben die Entwicklung der Gemeinschaft unterstützen und sie eine Wertschätzung vom Außen bekommt.

Der Neptun-Transit kann die Pluto-8-Persönlichkeit von ihren Zwängen erlösen und somit die Freiheit in ihren Entscheidungen ermöglichen, sie kann diese nun einem höheren Ziel unterstellen. Einem Ziel, das ihrem Herzen und ihren eigenen Werten entspricht.

Geburts-Pluto 9. Haus – Transit-Neptun 3. Haus

Menschen mit Pluto im 9. Haus kann der Neptun-Transit durch das 3. Haus zu einer geistigen Klarheit verhelfen, die sie zur Akzeptanz ihrer Beobachtungen führt, ohne gleich eine Interpretation dafür finden zu müssen. Sie können lernen, dass selbst widersprüchliche Kriterien ihre »Gesamtphilosophie« nicht zwangsläufig infrage stellen. Wesentlich ist hierbei, welchen größeren systemischen Rahmen die Betroffenen für sich gewählt haben.

In der Vergangenheit haben die Pluto-9-Geborenen mit ihren Widerständen gegenüber dem Naturgesetz als stärkere Kraft im Leben gerungen. Die große Wahrheit des Gesamtzusammenhangs unseres Lebens, die kosmischen Gesetze, sind mit menschlichen Konzepten nur ansatzweise zu verstehen. Das verursachte in der Pluto-9-Persönlichkeit einen Vertrauensverlust hinsichtlich der Existenz einer absoluten Wahrheit. Als Reaktion darauf strebten die Pluto-9-Geborenen nach einem subjektiven Glaubenssystem, das ihnen Macht und Sicherheit verleihen sollte. Sie vereinigten sich mit Lehrern und Lehren, um ihren Gedanken eine Orientierung geben zu können. Wählten die Pluto-9-Personen für ihr Glaubenssystems einen zu kleinen Bezugsrahmen, mündete diese Entwicklung in Verwirrungszustände und geistige Rastlosigkeit oder Unehrlichkeit sich selbst gegenüber. Die Unehrlichkeit tritt dann auf, wenn die eigene Überzeugung um jeden Preis unangreifbar sein muss und sich die Pluto-9-Persönlichkeit aus Sicherheitsstreben die Fakten gefügig macht. Argumente dienen in diesem Fall der Rechtfertigung der eigenen Position.

Mithilfe des Neptun-Transits durch das 3. Haus entstehen für die Pluto-9-Geborenen neue Möglichkeiten, sich auf die übergeordnete Dimension der Wahrheit einzulassen, denn er ruft ein Wissen über die Unendlichkeit der Naturgesetze wach. Aus dieser Sicht sind auftauchende Unstimmigkeiten nur ein weiterer Aspekt des großen Ganzen, so kann die Pluto-9-Persönlichkeit Vertrauen in die Einsicht entwickeln, dass es eine absolute Wahrheit gibt. Nun braucht der Pluto-9-Geborene keine Denkverbote mehr, er kann seine persönliche Einstellung als eine von vielen möglichen Überzeugungen kundtun, ohne auf einem exklusiven Gültigkeitsanspruch zu beharren. Der Neptun-Transit fokussiert die Pluto-9-Geborenen darauf, dass sie nur in kleinen Schritten wachsen und ihr Bewusstsein erweitern können. Im Vertrauen auf die Existenz der universellen Wahrheit bringt jede neue Erkenntnis die Pluto-9-Persönlichkeit der Ehrlichkeit und ihrem Wachstum ein Stück näher.

Sie empfindet auf dieser Basis ein Mitgefühl für sich selbst und die Grenzen ihres Intellekts, sodass sie die Komplexität des Unfassbaren nicht mehr beherrschen will. Kommuniziert sie in diesem Wissen mit anderen, wird sie von ihnen verstanden werden und Anerkennung für ihre inspirierenden Einsichten erhalten.

Geburts-Pluto 10. Haus – Transit-Neptun 4. Haus

Menschen mit Pluto im 10. Haus kann der Neptun-Transit dazu verhelfen, sich in ihrem eigenen Leben liebevoll einzurichten, sich ein Nest zu bauen. Der Neptun-Transit lässt die Heilung der Betroffenen von ihren emotionalen Erfrierungen zu, weil sie ihren inneren Druck, etwas leisten zu müssen, loslassen können.

Die Pluto-10-Geborenen haben in der Vergangenheit sehr früh große Verantwortung getragen, da ihre familiäre Situation dies erforderte. Ob die Familie einen hohen gesellschaftlichen Status hatte oder auf die ein oder andere Weise im gesellschaftlichen Aus stand, die Umstände haben die Pluto-10-Persönlichkeit geprägt und führten sie zu einem übergroßen Pflichtbewusstsein. Die überfordernde Situation ihrer Kindheit, die aus dieser Konstellation entstand, hat in den Pluto-10-Geborenen Schuld und Schuldgefühle ausgelöst, weil sie in ihren Augen den an sie gestellten Anforderungen nicht gerecht werden konnten. Es kam zu übersteigerten Leistungsansprüchen an sich selbst, mittels derer sich die Pluto-10-Persönlichkeit unter Druck setzte, um funktionieren zu können. Das emotionale Defizit, das entsteht, wenn Verantwortung und Funktionieren vom Anbeginn an erster Stelle stehen, macht den Pluto-10-Geborenen bis heute zu schaffen. Aufgrund der Härten in ihrer frühkindlichen Prägung opferten sie ihre eigenen Bedürfnisse nach Wärme, Schutz und Geborgenheit, was zu einer Verlorenheit in sich selbst führte.

Der Neptun-Transit durch das 4. Haus kann den Pluto-10-Geborenen dazu verhelfen, ihr Selbst zu finden, indem sich der Zwang löst, sich einzig und allein über den Beruf und den gesellschaftlich anerkannten Erfolg zu definieren. Der Neptun-Transit legt für die

Pluto-10-Geborenen den Fokus auf das Private, es geht darum, sich einen Rückzug vom öffentlichen Leben zu erlauben, sich Freiräume zu schaffen. Das Verantwortungsthema kehrt sich nach innen und die Pluto-10-Persönlichkeit beginnt, für sich selbst zu sorgen, indem sie sich auf die Suche nach ihrem »wahren« Kern begibt. Das ermöglicht ihr, die alten Wunden zu heilen, indem sie die Entwertung ihres Selbst erkennt, sichtbar in den strengen Normen und Werten, die den Rahmen formen, an dem sie sich misst und an dem sie gemessen wurde.

Der Neptun-Transit kann in der Pluto-10-Persönlichkeit ein Mitgefühl mit sich selbst erzeugen, das ihr zur Einsicht verhilft, nichts falsch gemacht zu haben. Im Einlassen auf ihr Selbst beginnen die Pluto-10-Geborenen, ihr zartes Ich zu finden, was in ihnen den tiefen Wunsch hervorruft, sich diesem Ich zu widmen.

In der Annahme ihrer selbst erlauben sich die Pluto-10-Geborenen, Raum und Zeit auch für sich zu beanspruchen. Anstelle der Verantwortungsaufbürdung für das Außen übernehmen sie die Verantwortung für sich und ihre emotionale Sicherheit. Gehen sie in dieser Form der Verbundenheit mit sich selbst nach außen, werden sie zu einem Teil der Gemeinschaft, der sie einen authentischen Boden im Miteinander bereiten können.

Geburts-Pluto 11. Haus – Transit-Neptun 5. Haus

Menschen mit Pluto im 11. Haus kann der Neptun-Transit durch ihr 5. Haus Freude und Leichtigkeit in ihr Leben bringen. Der Neptun-Transit hilft den Betroffenen, ihre distanzierte Haltung aufzugeben, wenn es um Themen geht, die ihnen eine Herzensangelegenheit sind.

Pluto-11-Geborene sind in der Vergangenheit von einer Situation geprägt worden, in der aus ihrer subjektiven Wahrnehmung ihr Überleben so bedroht war, dass sie sich mit ihrem Geist vom Körper abspalten mussten. Das hatte zur Folge, dass sie sich in einer Art Vogelperspektive einrichteten, von wo aus sie das Leben eher wie ein Zaungast beobachteten, als leibhaftig darin involviert zu sein. Ihre so entstandene Distanziertheit bringt ein Unverhaftetsein mit sich, das sie gezwungenermaßen nahezu alles, was in ihrem Leben stattfindet, infrage stellen lässt, um für sich selbst einen individuellen Ausweg der Selbstverwirklichung zu finden. Da das Hinterfragen sich auch zu echter Rebellion steigern kann, wenn den Betroffenen eine Anpassung abverlangt wird, die ihnen nicht einsichtig ist, gelangen sie immer wieder in die Außenseiterposition. Diese verbindet sie mit ihrem tiefsten Schmerz über ausgebliebene persönliche Anerkennung, was sie wiederum in eine Distanz und beobachtende Haltung treibt. Das heißt, die Grunderfahrung der Pluto-11-Person besteht darin, dass ihr keine Aufmerksamkeit zuteilwurde, wenn sie ihre persönlichen Wünsche artikulierte. Im Zuge des Neptun-Transits kann sich dieses Thema wandeln, weil die Ängste, verletzt zu werden, in dem Maß schwinden, wie die Betroffenen im Mitgefühl mit sich selbst zunehmend ihre Kraftquelle spüren, die aus Leidenschaftlichkeit und Freude besteht. Das Neptun-Vertrauen, eine Situation jederzeit verlassen zu können, wenn sie sich als starr oder festgefahren erweist, ermöglicht den Pluto-11-Geborenen, sich einzubringen und auszuleben.

Auf diese Weise entdecken die Pluto-11-Geborenen ihre Kraft und Persönlichkeit, weil sie sich einerseits für ihre Ideen begeistern und sie ausdrücken, andererseits aber, im Mitgefühl mit sich und der Welt, Bereiche loslassen können, wo ihnen der Erfolg verwehrt bleibt. Der Neptun-Transit kann ihnen dazu verhelfen, die Vernetzungsqualitäten des 11. Hauses konstruktiv zu nutzen und so mit ihrem persönlichen Ausdruck eine Gemeinschaft zu bereichern.

Geburts-Pluto 12. Haus – Transit-Neptun 6. Haus

Pluto-12-Geborenen kann der Neptun-Transit durch ihr 6. Haus ihre Liebe zum Leben zurückgeben. Sie fühlen sich nicht mehr als Opfer unsichtbarer Mächte, die über die Realität herrschen, sondern finden einen Zugang zu ihrem eigenen Tun. Der Neptun-Transit verhilft zum Loslassen der eigenen übersteigerten Ansprüche, sodass sie im Positiven von ihrem Perfektionismus profitieren.

Die Pluto-12-Geborenen sind von einem Lebensanfang gezeichnet, in dem sie sich vollkommen verloren in dieser Welt wiederfanden. In ihrem familiären Umfeld können sowohl Sucht als auch andere Formen elterlicher Abwesenheit wie z.B. Arbeit dazu geführt haben, sich wie an einem fernen Ort zu fühlen. In jedem Fall kam es dazu, dass sich die Pluto-12-Geborenen unsichtbar machten, weil sie die Schwäche und Erschöpfung ihrer Umgebung spürten und Angst bekamen, darin unterzugehen. Als Reaktion darauf und zur Überlebenssicherung zogen sich die Pluto-12-Geborenen in der Vergangenheit in ihre Träume und Fantasiewelten zurück. Sie erträumten sich eine Realität, und wenn sie mit der real existierenden Wirklichkeit direkt konfrontiert waren, erlebten sie Krisen und Ängste, weil sich diese doch sehr von ihrer eigenen Welt unterschied. Zudem gerieten die Betroffenen in diesen Momenten in eine Orientierungslosigkeit, in der Realität und Fantasie kaum zu differenzieren waren. Im schlimmsten Fall verleugneten sie daraufhin ihre Ideale und passten sich an etwas an, das sie für zwingend hielten.

Mithilfe des Neptun-Transits können die Pluto-12-Geborenen ihr Urthema wandeln, indem sie das Vertrauen in ein großes Ganzes finden. Dies geschieht durch das Mitgefühl mit der unendlichen Vielfalt der Schöpfung, die auch die eigene Existenz einschließt. So müssen die Pluto-12-Geborenen nicht weiter in dem Glauben leben, dass die Meisterung der Realität irgendwelche Beschränkungen erfordert. Sie können sich für die Vielfalt an Möglichkeiten öffnen, ohne sich dabei zu verlieren, weil sie wissen, dass sie als Teil des Ganzen auch wichtig sind. Im Vertrauen auf das große Ganze entfaltet sich das schöpferische Potenzial der Pluto-12-Geborenen. Der Neptun-Transit löst den Zwang, *alles* verstehen und analysieren zu wollen. Die Pluto-12-Persönlichkeit kann ihre Gabe der Hellsichtigkeit erkennen, denn ihre Sensibilität und ihr Mitgefühl können Grenzen auflösen.

Neptun trifft Pluto: Zwei Generationen in ihren Extremen

Planetarischer Generationsvergleich

Im direkten planetarischen Vergleich der beiden Generationen Pluto-Krebs und Pluto-Jungfrau ist eine Konstellation ganz besonders signifikant. Der Jungfrau-Neptun der Eltern trifft auf den Pluto ihrer Kinder. Das heißt, der Neptun der Eltern und der Pluto ihrer Kinder befinden sich im selben Tierkreiszeichen und in nicht wenigen individuellen Fällen werden die beiden Planeten eine Konjunktion miteinander bilden.

Mehr Neptun-Themen können ein Leben wohl kaum begleiten als es für die Pluto-Jungfrau-Geborenen der Fall ist. Schließlich gilt es, die Fische-Polarität als grundsätzliches seelisches Entwicklungsziel zu erreichen. Hinzu kommt die Neptun-Skorpion-Konstellation, die die Macht Neptuns für diese Generation noch einmal verstärkt. Dass der elterliche Neptun sich auch noch in unmittelbarer Nähe zum Pluto-Jungfrau ihrer Kinder befindet, kann von der Pluto-Jungfrau-Generation als Krönung ihrer Neptun-Thematik gesehen werden.

Lösung und Leid liegen für die beiden Generationen in dieser Koinzidenz. Sie erleben den Jungfrau-Archetypen nicht nur auf höchst unterschiedliche Weise, sondern die jeweiligen Dynamiken von Neptun-Jungfrau und Pluto-Jungfrau treffen aufeinander und sind miteinander verstrickt. Am Beispiel der Krisen, die im Jungfrau-Zeichen zu Hause sind, wird dies deutlich.

Für die Elterngeneration initiieren sich Krisen neptunischer Art, wann immer die Angst aufkommt, Opfer der Verhältnisse zu werden oder sich diesen nicht gewachsen zu fühlen. Die darauffolgenden Lösungsstrategien, die Neptun im Hinblick auf die Krisen entwickelt, sind Annahme, Hingabe, Anpassung oder auch Beschwichtigung und Idealisierung. Die Neptun-Jungfrau-Konstellation steht für den Traum von der heilen Welt der Pluto-Krebs-Eltern.

Im Gegensatz dazu aktiviert sich der plutonische Krisenmodus für die Pluto-Jungfrau-Kinder in Situationen der Unstimmigkeit, wenn die Einzelheiten nicht zusammenpassen. Um die Krisen zu bewältigen und den durch sie verursachten Widerstand Plutos zu lösen, ist die Pluto-Jungfrau bemüht, durch innere Analyse das Wesentliche zu erkennen. Darauf aufbauend kann sie sich neu positionieren. Das dahinterstehende Bewusstsein der Pluto-Jungfrau ist bestrebt, als Teil eines Ganzen diesem zuarbeiten zu wollen.

Die Pluto-Jungfrau-Geborenen brachte das von den Eltern betriebene Beschwichtigen, Beschönigen und Idealisieren der Realität an ihre Grenzen. Dem Heile-Welt-Ideal ihrer Eltern fehlte es nicht nur an Überzeugungskraft, sondern auch an Wahrhaftigkeit. Vielmehr schien das Heile-Welt-Ideal der Pluto-Krebs-Eltern, vor dem Hintergrund ihrer eigenen Brüche und Verletzungen, der Sehnsucht nach Geborgenheit zu entspringen, nach Heim und Familie als Hort der Stabilität.

Aus dem Sicherheitsstreben der Eltern entstand eine Erwartungshaltung gegenüber den Kindern, das elterliche Heile-Welt-Ideal zu erfüllen. So standen die Pluto-Jungfrau-Geborenen mit diesem unrealistischen Appell von Beginn an vor einer unlösbaren Aufgabe, die zur Verdrehung der Eltern-Kind-Beziehung führte. Darüber hinaus lösten diese Umstände in den Pluto-Jungfrauen Minderwertigkeits- und Schuldgefühle aus, weil sie den Anforderungen nicht gerecht werden konnten.

In der Unvereinbarkeit der Anliegen, einerseits die Realität verklären und andererseits die Realität ergründen zu wollen, liegt der tiefste Punkt der Verstrickung beider Generationen. Hier mussten sie einander zwangsläufig verletzen und enttäuschen.

Die Pluto-Jungfrauen erlebten durch ihre naturgegebene Abhängigkeit von ihren Eltern so die Ohnmacht in der Realität, weil die Eltern an dem, was ihnen Sicherheit versprach, festhielten. Damit setzten sie ihre Kinder einem enormen emotionalen Erwartungsdruck aus (Krebs Quadrat Waage).

Die emotionale Erpressung

Erwartungsdruck kann sich zur emotionalen Erpressung steigern, wenn Ablehnung und Liebesentzug als Druckmittel eingesetzt oder Schuldgefühle vermittelt werden, um das persönliche Ziel zu erreichen. Im Spektrum von Pluto im Zeichen Krebs ist die emotionale (Krebs) Erpressung (Pluto) enthalten und kommt dann zum Tragen, wenn das Bedürfnis nach Sicherheit durch Harmonie so stark wird, dass jedes Mittel recht erscheint, diese zu erlangen.

Die Pluto-Krebs-Eltern – mit ihrem Jungfrau-Neptun auf dem Pluto ihrer Kinder – rechtfertigten die machtvolle Durchsetzung ihrer emotionalen Bedürfnisse mit ihren neptunischen Ängsten. Die Pluto-Jungfrau-Kinder wurden so zur Anpassung gezwungen (Pluto), weil sie ihren Eltern nicht wissentlich Schmerzen zufügen wollten. Die Anpassung (Jungfrau), die ihnen hierbei abverlangt wurde, kommt der Selbstverleugnung gleich, weil sie nicht aus freien Stücken erfolgte.

Ängste und Rastlosigkeit

Die Pluto-Krebs-Eltern mussten sich mit ihrem Jungfrau-Neptun in die Verklärung und Schönfärberei retten, denn sie haben als Kriegskinder die Verlorenheit in der Realität erlebt. Und, da Krebs das Tierkreiszeichen ist, das für die Gegenwärtigkeit, den aktuellen Moment im Leben steht, erlebten die Pluto-Krebs-Eltern die Verlorenheit in ihren Ängsten (Neptun) bis ins hohe Alter weiter. Neptun-Ängste im Zeichen der Jungfrau verursachen innere Rastlosigkeit, da die mentale Ausprägung der Jungfrau den Geist dazu verleitet, unaufhörlich nach Lösungen zu suchen. Das Verrichten der alltäglichen Routine, arbeiten oder tätig sein sind Möglichkeiten, die Rastlosigkeit auszuagieren.

Auch diese Dynamik birgt für die Pluto-Jungfrau-Kinder ein enormes Stresspotenzial. Hier werden die Jahrgänge der Uranus-Pluto-Konjunktion besonders betroffen sein. Plötzliche Störungen und eine permanente Unruhe der Eltern haben ihren Kindern die Konzentration auf ihre Aufgaben erschwert. Die Rebellion und der Widerstand der Pluto-Jungfrau gegenüber der familiären Unruhe setzten in ihnen ebenfalls die Jungfrau-Rastlosigkeit in Gang.

Subjektivität

Die Subjektivität des Zeichens Krebs begründet sich durch seine Position im archetypischen Tierkreis. Im Sinn von »Heimat« steht der Krebs für den Ort, von wo aus wir eine Beziehung zur Welt aufbauen und auch umgekehrt wir das Geschehen auf uns beziehen.

Damit erklärt sich, warum die Pluto-Krebs-Eltern an ihrer Subjektivität festhielten, indem sie grundsätzlich sich selbst für alles, was ihre Kinder taten, verantwortlich fühlten. Und darüber hinaus erklärt sich auch, warum die Eltern sich so schwertun, sich in ihre Kinder hineinzuversetzen.

Der Neptun in der Jungfrau ist der blinde Fleck der Pluto-Krebs-Eltern in Bezug auf die Agenda ihrer Kinder. Sie können emotional nicht verstehen, warum sich die Pluto-Jungfrau-Kinder so vehement gegen jede Unstimmigkeit wehren. In vielen Fällen reagierten sie mit ihrer Pluto-Steinbock-Polarität auf die von ihnen so wahrgenommene Überempfindlichkeit ihrer Kinder. Den Pluto-Jungfrau-Geborenen begegneten sie dann mit einer Härte, die den Kindern das Gefühl gab, an einer Wand abzuprallen. Zudem bewerteten sie aus dem Steinbock-Kontext heraus das Anliegen ihrer Kinder als unrealistisch, um ihr Glaubenssystem aufrechterhalten zu können.

Bis heute können die meisten Pluto-Krebs-Geborenen nicht nachvollziehen, warum ihren Pluto-Jungfrau-Kindern die Ehrlichkeit und der höhere Sinn so am Herzen liegen. Sie verstehen auch nicht, warum genau aus diesem Grund der Zwang zu funktionieren, den sie auf ihre Kinder ausübten, die Pluto-Jungfrauen regelmäßig in die Verleugnung der eigenen Werte trieb.

Aufseiten der Pluto-Jungfrau-Geborenen besteht hier eine ähnliche Hilflosigkeit im Verstehen des anderen. Die Pluto-Jungfrau hat die subjektive Entwicklung auf der Seelenebene bereits hinter sich gelassen, denn in Löwe ist der höchste Punkt subjektiver Entwicklung erreicht. Die Jungfrau muss sich, als Übergangszeichen zu einem neuen Entwicklungsabschnitt, objektiveren Kriterien stellen. So können und konnten die Pluto-Jungfrauen nicht nachvollziehen, warum ihre Eltern auf – aus ihrer Sicht – faule Kompromisse bestanden.

Der Zukunft den Weg bereiten

Die eingangs aufgestellte These in diesem Buch postuliert, dass die Pluto-Jungfrau-Geborenen mit dem laufenden Neptun in Opposition zu ihrem Geburts-Pluto die Chance haben, sich aus der Verstrickung mit ihren Eltern und somit aus ihrer so empfundenen Minderwertigkeit zu lösen. Aus der Betrachtung all dessen, was hier zusammengetragen wurde, wird deutlich, über welch ein großes Potenzial die Pluto-Jungfrau-Generation tatsächlich verfügt, wenn sie ihren ureigenen Seelenauftrag und die dafür notwendigen Umstände auf ihrem Lebensweg versteht. Dazu verhilft ihr der Neptun-Transit durch die Fische, denn er versetzt sie in die Lage, Empathie für sich selbst aufzubringen.

Die Klarheit, die der Fische-Neptun herstellen kann, ermöglicht den Pluto-Jungfrauen, die unerfüllbare Absurdität der an sie herangetragenen Anforderungen zu erkennen. Im Mitgefühl mit sich selbst und im Wissen um die tieferen Zusammenhänge können die Pluto-Jungfrau-Geborenen sich endlich die Absolution erteilen, dass die an sie gestellten verzerrten Forderungen unerfüllbar waren. Im Gegenteil – aus dieser Perspektive wird deutlich, dass es gar nicht ihre Aufgabe war, dem Unmöglichen gerecht zu werden. Die Konfrontation mit dem Unmöglichen fokussierte sie auf ihr Entwicklungsziel, denn die Widrigkeiten des Alltags zwangen sie zur Suche nach einem höheren Sinn. Solange die Pluto-Jungfrauen Beweise, eine Kausalität oder intellektuell verständliche Gründe für ihre Situation finden wollten, mussten sie in archetypisch gewohnter Manier scheitern, es kam zu Krisen, Mangel, Minderwertigkeitsgefühlen.

Das Entwicklungsziel der Pluto-Jungfrauen liegt in der Polarität zu Fische. Die Lernaufgabe dieser Generation besteht folglich darin, gerade bei den Themen, auf die wir mit der plutonischen Warum-Frage keine Antwort mehr bekommen, Vertrauen in eine göttliche Fügung zu entwickeln. Das Neptun-Reich beginnt dort, wo der analytisch sezierende Geist keine Lösungen mehr findet. Erst dann sind wir bereit, uns dem Unlösbaren zu ergeben und es anzunehmen. Je deutlicher die Pluto-Jungfrau – veranlasst durch ihren Neptun-Transit – ihre Aufgabe des Dienstes am Ganzen erkennt, desto disziplinierter kann sie ihre Lebensumstände annehmen und sich der Rückbindung an die Schöpfung widmen.

Hier trägt der Dienst an ihren Eltern zu ihrer Heilung bei, denn nun leistet sie ihn mit innerem Frieden, weil sie ihn als Dienst am Ganzen begreifen kann. So zieht sich der Hals aus der Schlinge der Schuldgefühle, den Eltern kein gutes Kind gewesen zu sein. Damit werden die bisherigen Vermeidungsstrategien hinfällig, die aus dem Gefühl resultierten, vor sich selbst nicht bestehen zu können.

Die Uranus-Pluto-Jungfrau-Generation wurde in eine Situation hineingeboren, deren Ausweglosigkeit zunächst im Hinblick auf ihr Seelenthema kaum größer sein konnte. Das Thema Heimat und Wurzeln war in den Familien schon seit der Kaiserzeit durch die Kriege, Wut und Zerstörung zutiefst verletzt. Seit Generationen wurden die Defizite weitergereicht, die entstehen, wenn es am Lebensanfang zu wenig emotionale Wärme und Geborgenheit gibt. In den 1960er-Jahren trafen sich Uranus und Pluto, was als Impuls zur Individuation auf kollektiver Ebene gedeutet werden kann und was zugleich ein historischer Moment war, weil die beiden Planeten nur mit großem zeitlichem Abstand (durchschnittlich 127 Jahre) aufeinandertreffen. Damit kommt den Pluto-Jungfrau-Geborenen eine außerordentliche Rolle zu, nämlich durch ihren Dienst am Ganzen zur Individuation des kollektiven Bewusstseins beizutragen. Hierbei erscheint es logisch, dass diese Generation die existenziell notwendigen Rahmenbedingungen nicht vorfand, weil sie nur unter diesen Umständen zum Halt in den Fischen finden konnte.

Nur die Liebe zur Schöpfung kann diese Generation heilen und eine Annahme der Realität in ihr bewirken. Der göttliche Funke in allen Erscheinungen und auch in sich selbst ist die tragende Säule für die Pluto-Jungfrauen. Hier kann sie sich als Teil des Ganzen fühlen und ihre tatsächliche evolutionäre Aufgabe erfüllen, die darin besteht, die Kette der generationsübergreifenden Weitergabe verdrehter Eltern-Kind-Beziehungen zu durchtrennen.

Die Uranus-Pluto-Konjunktion beinhaltet das zukunftsgerichtete Anliegen, Altes zurückzulassen und so der Einheit in Vielfalt zuzuarbeiten. Letztlich eine wichtige Weichenstellung zur Vorbereitung auf das Wassermannzeitalter.

Literatur

Bettina Alberti, *Seelische Trümmer: Geboren in den 50er und 60er-Jahren: Die Nachkriegsgeneration im Schatten des Kriegstraumas*, München, 2010

Sabine Bode, *Kriegsenkel, die Erben der vergessenen Generation,* Stuttgart, 2010

Sabine Bode*, Die vergessene Generation – Die Kriegskinder brechen ihr Schweigen,* Stuttgart, 2014

Dane Rudhyar, *Astrologische Aspekte*, Tübingen, 2007

Standardwerke der Astrologie

LIZ GREENE

Neptun – Die Sehnsucht nach Erlösung

Der Planet der Gegensätze und seine astrologische Deutung
544 Seiten, Hardcover, 21 Abbildungen
ISBN 3-925100-77-2

Liz Greene stellt ausführlich Neptuns Rolle in der Mythologie, in der Psychologie und in der Gesellschaft in einer schillernden und eindrücklichen Bandbreite vor. Außerdem beschreibt sie in einem weiteren Teil die einzelnen Stellungen von Neptun in den Häusern und bei Aspekten sowie im Partnervergleich und im Composit.

Neptun in seiner wahren Gestalt ist die Hingabe, die jemand vollbringt, ohne den Tauschhandel im Hinterkopf, dadurch ein besserer Mensch zu werden. Aber Neptun ist nicht nur der Planet, der sich dem rationalen Verständnis am meisten entzieht, sondern auch ein Planet voller Gegensätze. Dieses Buch bringt Sie dem wirklichen Anliegen von Neptun näher, indem es eine schillernde Palette neptunischer Manifestationen aufzeigt

» Dieses Buch ist geradezu eine Aufforderung, selber an der Entdeckung Nepuns mitzuarbeiten, und es ist der Autorin klar, dass Neptuns Grenzen immer fließend bleiben werden. Gerade dieses Wissen macht das Buch zu einem Meisterwerk, das weit ins nächste Jahrtausend hinein Gültigkeit behalten wird.«.

Meridian 6/1996

CHIRON VERLAG

Standardwerke der Astrologie

HOWARD SASPORTAS

Uranuns, Neptun und Pluto im Transit

Die Götter des Wandels
456 Seiten, Hardcover,
ISBN 978-3-89997-120-0

Einschneidende Veränderungen und Krisen in unserem Leben werden meist durch Übergänge von Uranus, Neptun oder Pluto über wichtige Punkte im Horoskop angezeigt: Dies sind Wendepunkte in unserem Leben und bewirken Wandlungen. Howard Sasportas verbindet bei der Darstellung der transsaturnischen Transite tiefenpsychologische Kenntnisse mit der langjährigen Erfahrung seiner astrologischen Praxis. Er beschränkt sich nicht darauf, mögliche Wirkungen zu veranschaulichen, sondern er beschreibt, wie wir möglichst konstruktiv mit diesen Lebenskrisen umgehen, wie wir sie als Chancen für Wachstum und Persönlichkeitsentwicklung nutzen können.

»Ziel dieses Buches ist es, die Aufmerksamkeit auf Veränderungen und Krisen zu richten, die mit den Transiten von Uranus, Neptun und Pluto zusammenhängen sowie die Möglichkeiten für Wachstum und Entwicklung aufzuzeigen. Ich hoffe außerdem, dass der Leser ein wenig mehr darüber lernt, wie man eine Krise in eine Chance verwandelt«.

- Howard Sasportas -

CHIRON VERLAG